蔡智發
盧伯豪 著

五南圖書出版公司 印行

空間經濟學

序

　　空間經濟學是一門經濟學與地理學的跨領域學科，其涵蓋的範疇包含國際貿易、經濟地理、區域經濟學、都市經濟學等領域。本書則著重在 2008 年諾貝爾經濟學獎得主克魯曼（Paul Krugman）於 1991 年所開創的新經濟地理（New Economic Geography, NEG），以及後續的相關研究。新經濟地理的重要特徵在於空間不平衡的狀態是均衡的結果，空間不平衡的狀態在現實中相當常見，例如：已開發國家與開發中國家之間、歐盟的西北歐與東南歐之間、中國東西部差異等。因此，新經濟地理的研究成果可以提供區域政策或經濟政策制定時的參考。然而，三十多年來，新經濟地理也已不新了，後續的相關研究涵蓋極廣，包含異質生產力廠商在空間的分布與排序、廠商在空間的分布與經濟成長的結合之議題等。

　　空間經濟學（或新經濟地理）除了在國內大學部分經濟學系有提供相關課程，臺北大學都市計劃研究所也有開設空間經濟學的課程。此外，有些都市經濟學或區域經濟學課程也會提及新經濟地理。另外，在一些已出版的教科書中，新經濟地理也被提及，如不動產投資管理、土地經濟學等。由此可知，空間經濟學的影響並不僅限於經濟領域，也影響了都市規劃與地政領域。然而，市面上並未有中文書完整介紹空間經濟學。因此，本書提供想要學習空間經濟學的讀者一本入門的書籍，希望能對有興趣研讀空間經濟的讀者有些許的幫助。對於相關的數學推導過程有較為詳細的介紹，以避免因為繁複的數學推導而失去興趣。

　　本書預設的讀者爲大學部高年級以及碩博士班的經濟學系或相關領域的學生，具有個體經濟學的基礎對於本書的閱讀比較容易理解。在本書裡有許多模型的數學推導，爲了避免讀者迷失於模型的數學當中，在每個章節一開始會先說明該章節的重要結果與後續相關研究，以便讀者能夠先掌握研究結果，然後才開始進入模型的設定與分析。

　　　　　蔡智發　國立臺北大學都市計劃研究所
　　　　　盧伯豪　逢甲大學土地管理學系

　　　　　　　　謹識　2024 年 11 月 6 日

目 次

第 1 章 ｜ 空間經濟學簡介

1.1 序言

　　Florida（2017）使用夜間影像發現，全球最大的 681 個城市有著 24% 的世界人口，占全球總支出 60%。在美國，20 個城市的 GDP 占全國 50%。在臺灣，6 個直轄市在 2016 年全年生產總額占全國約 76%，就業人口也占全國約 77%。儘管自 19 世紀中葉以來運輸及通訊成本下降，距離與區位的角色並未從經濟活動中消失（Proost and Thisse, 2019）。Head and Mayer（2014）支持重力模型：在其他條件不變下，兩國雙邊貿易與他們之間的距離成反比。經濟學家與區域科學家開發出不同的理論來說明空間聚集存在均衡解，以下我們將回顧空間經濟學發展。

　　空間經濟學是一門經濟學與地理學的跨領域學科，其涵蓋的範疇包含國際貿易、經濟地理、區域經濟學、都市經濟學等領域。Ponsard（1983）指出，早在 16 世紀，經濟文獻就關注有關空間的問題，例如：城鄉關係、城市中心的位置和規模、工業和農業地區、國內外貿易模式、人口和財富的地理分布等。具體來說，空間經濟學主要關心的問題有：在市場機制運作下城市為何會出現？建設區域間交通基礎設施是否有助於減少跨空間的不平等？為什麼廠商要選址在勞動薪資高或地價高的地區？為何勞工薪資在愈大的城市會愈高？為什麼許多國家或區域之間的經濟發展存在長久且巨大差距？

　　然而，長期以來，空間領域的研究一直是少數鮮為人知的經濟學家的關注點。從歷史來看，空間經濟理論的歷史不僅是近期的，而且是短暫的（Ponsard, 1983）。Dockès（1969）研究 16 至 18 世紀經濟思想當中空間的概念提出兩點發現：1. 在法國和英國，重商主義學說（mercantilism）都主張生產集中，這導致財富的地理分配不均等，這種分配不僅被接受而且受到鼓勵。此外，德國重商主義也是

如此。Cantillon（1755）與 Steuart（1767）是重商主義空間經濟研究的先驅（Ponsard, 1983）；2. 18 世紀的自由主義學說（liberalism）主張經濟活動的分散，導致經濟活動的分配更均衡和相對均等，de Condillac（1776）是自由主義空間經濟研究的先驅（Ponsard, 1983）。總而言之，重商主義主張自願的地理分配（voluntary geographic distribution），集中被認為符合國家利益；而自由主義主張自發性的地理分配（spontaneous geographic distribution），認為分散是自然秩序和社會理性秩序的結果。

　　Ponsard（1983）認為 Cantillon（1755）、Steuart（1767）與 de Condillac（1776）是分析涵蓋空間概念的經濟體系，然而這段歷史卻鮮為人知。von Thünen（1826）雖然正式提出第一個數學模型框架，但他保留的變數數量非常有限，Ponsard（1983）認為這使得空間經濟學者只能有限地擴展理論，不同於 von Thünen 及其後繼研究的簡化模型，Cantillon（1755）、Steuart（1767）以及 de Condillac（1776）的研究更豐富、更完整。例如：Cantillon（1755）的研究當中，從運輸經濟學解釋了村莊、城鎮、城市和首都的誕生。Steuart（1767）認為，城鎮的位置取決於地主的選擇和國家行政服務的集中，製造商則根據能源和原材料的來源、低廉的生活成本和工資與便利的交通路線來選擇區位，從而形成新的城市。此外，城市的發展預示著交通路線的發展，這使得城鄉關係更加密切，並鼓勵城鄉之間的勞動分工。de Condillac（1776）的貿易理論核心在於，商品的稀缺程度因地點而異，並且廠商傾向提供產品於有較高收益的地方。後來的 Krugman（1991）開創的新經濟地理，將空間納入一般均衡的模型分析廠商在兩區域間的分布，後進學者在此類型模型架構下拓展許多研究議題。

1.2 空間不可能定理

Starret（1978）指出：在有限的代表性個人（agents）、地理位置、均質的空間（homogeneous space）以及運輸成本存在的情形下，固定規模報酬的模型不存在區域間貿易的競爭均衡，其中均質的空間指不同地區之間，不存在資源稟賦、消費者偏好以及生產技術等差異。如果經濟活動是完全可分的（perfectly divisible），即經濟活動不存在規模經濟，則存在競爭均衡，使得每一個區位都是自給自足的。換言之，經濟活動沒有理由聚集（Gaspar, 2018）。Fujita and Thisse（2013, p. 52）指出，爲了解釋經濟活動的空間分布，特別是產業聚集，空間經濟模型必須假設以下要素之一：1. 第一自然差異（first nature differences）；2. 外部性；3. 不完全競爭市場。我們以下分別介紹這些假設。

第一自然差異指的是區位（locations）具有不同的特徵，例如：地勢、天然資源、交通節點等，而空間不是同質的。例如：在 19 世紀廠商的區位選址受自然因素影響，因此製造業強烈傾向於在原材料場或轉運點附近設廠（Weber, 1909）。von Thünen（1826）解釋工業化前德國農業在城市周圍的區位分布，在他的模型中，農產品交易發生在城市內，且地租隨著距離城市愈近而愈高，使得每位農民必須面對地租與運輸成本之間的權衡。隨後 Alonso（1964）應用 von Thünen（1826）的架構，他將城市替換成市中心，並且假設城市的居民都在市中心工作，使得居民面臨居住區位與通勤成本的權衡。給定城市／市中心的存在，並且市場／工作發生在城市／市中心，這些空間特徵隱含第一自然差異，[1] 因此，von Thünen（1826）以及 Alonso（1964）都能夠在完全競爭的架構下得到區位均衡。

....

1　與地理學上同質的平原概念不同，這裡包含非物理上的差異。

外部性假設源自於 Marshall（1920）以外部經濟（external economies）來解釋產業聚集。他指出外部經濟有三個：第一個外部性是廠商聚集在同一個地方，提供技術勞工一個廣大的就業市場，使得這個地方的失業率較低且勞動力短缺的可能性較低。第二個外部性是產業聚集能夠支持非貿易產業的專業化活動。最後一個外部性是指生產技術資訊的外溢效果，使得聚集在同一地方的廠商在生產上有更好的技術優勢。即使地勢或天然資源的差異不存在，基於 Marshall 外部經濟，經濟活動在空間上並不是均勻分布。Marshall 外部經濟隱藏豐富的經濟機制，並且導致整個產業的報酬遞增，但在模型設定上往往是黑盒子（Fujita and Thisse, 2013, p. 53; Combes, Mayer, and Thisse, 2008, p. 32）。

在空間經濟模型裡，不完全競爭市場的假設可再細分為寡占市場以及獨占性競爭競爭。在寡占市場架構下，Hotelling（1929）及一系列相關的文獻討論廠商考慮（少數）對手的行為所採取定價以及區位策略，以解釋為何廠商在空間上會聚集。獨占性競爭架構可以追溯至 Chamberlin（1933）以後才開始有系統地研究，隨後 Dixit and Stiglitz（1977）開發的獨占性競爭架構被廣泛採用在貿易理論〔例如：以 Krugman（1979; 1980）代表的新貿易理論〕以及空間經濟模型。Krugman（1991）開發以 Dixit and Stiglitz（1977）（以下簡稱 DS 模型）為架構的兩區域一般均衡模型，即核心邊陲模型（core-periphery model，CP 模型）。在他的模型中，產業聚集並不是發生在擁有天然稟賦優勢的區域（第一自然差異）或者透過 Marshall 外部經濟形成，而是透過規模經濟、報酬遞增的生產技術而形成產業聚集，且這類的機制被稱為第二自然（second nature）。第二自然形成的城市能夠吸引廠商進駐以及構成龐大的消費市場，並產生聚集的自我增強優勢（self-reinforcing advantage）（Krugman, 1993）。

1.3 本書的安排

在接下來的章節安排上，本書圍繞在空間經濟關注的三個問題：爲什麼經濟活動在空間的分布呈現不均的狀態？不同城市的工人／廠商是否依技能／生產力分類、排序？爲什麼許多國家或區域之間存在長久且巨大的差距？

第一個問題方面，我們在第 2 章介紹 Krugman（1991）的 CP 模型。他提出一個問題，爲什麼製造業通常會集中於一個或少數幾個地區核心，而其餘的地區只有農業的角色，以提供農業貨品至核心區。他解釋源自市場的聚集力以及分散力如何發生，而這兩股相反力量決定經濟活動的空間分布，其中運輸成本決定聚集力與分散力之間相對大小。他透過數值模擬得到：當運輸成本小的時候，經濟活動呈現核心邊陲分布（core-periphery distribution）；當運輸成本大的時候，則是對稱分布（symmetric distribution）；當運輸成本居中的時候，則是核心邊陲分布或對稱分布。

接下來的第 3 章至第 5 章分別介紹 CP 模型的改良版本，這些版本主要最大的用意是提供可分析解的架構，而非 CP 模型採用的數值模擬分析。第 3 章介紹 Martin and Rogers（1995），又稱爲隨處資本模型（footloose capital model），這個模型架構的特色在於，它是第一篇新經濟地理模型的可分析解架構，並且也在模型中展示了聚集力。需注意的是 Martin and Rogers（1995）關注的是廠商（實體資本）的移動，不同於 Krugman（1991）關注製造業勞工的遷移。第 4 章介紹 Forslid and Ottaviano（2003），又稱隨處企業家模型（footloose entrepreneur model），與 Martin and Rogers（1995）有些相似，而其差異在於，Forslid and Ottaviano（2003）關注的是技術勞工（人力資本）的遷移。另外，須注意的是，Krugman（1991）只有考慮不同部門的勞工，並

未考慮不同技能的勞工，因此 Forslid and Ottaviano（2003）對於不同技能的勞工的設定也與 Krugman（1991）不同。第 5 章介紹不採用 DS 模型架構的新經濟地理模型，分別是 Ottaviano et al.（2002）採用準線性二次（quasi-linear quadratic）效用函數，以及 Pflüger（2004）採用準線性（quasi-linear）效用函數。藉由不同於 DS 模型裡效用函數的設定，這兩篇文章裡聚集力相對於 Krugman（1991）來得弱，以至於不存在運輸成本居中的均衡分布是核心邊陲分布或對稱分布。第 6 章介紹新經濟地理架構納入都市經濟學關心的重點：住宅。具體來說，都市經濟學的研究著重在住宅的角色：為空間中的經濟活動提供分散力（dispersion force），本章分別介紹兩種架構，一種是以 DS 模型為架構的兩篇文章：Helpman（1998）與 Tabuchi（1998），另一種則是 Ottaviano et al.（2002）採用準線性二次（quasi-linear quadratic）效用函數架構。

　　第二個問題方面，我們著重在異質性生產力廠商的空間移動順序與分布。具體來說，除了在廠商商品種類的異質性，我們還考慮廠商生產力之間也有異質性。從理論發展來看，新經濟地理源自於新貿易理論（New Trade Theory, NTT）。在模型技術上，Melitz（2003）開發獨占性競爭廠商具生產力異質性的貿易理論架構（簡稱為 Melitz 架構），被新經濟地理所採納並以回答第二個問題。因此，第 7 章我們先介紹 Melitz 架構，作為後續章節的基礎。緊接著，第 8 章與第 9 章分別介紹 Baldwin and Okubo（2006）以及 von Ehrlich and Seidel（2013）這兩篇文章。第 8 章是將 Melitz 架構與 Martin and Rogers（1995）整合，著重於廠商在空間的排序與選擇。第 9 章則是將 Melitz 架構與 Krugman（1991）整合，著重在廠商生產力差異的程度大小如何在空間分布。

　　最後，第三個問題方面，經濟成長與經濟活動的空間分布在理論架構上各自發展成兩個重要的研究領域。在經濟成長研究中，主要討論的對象是以國家爲單位（Solow, 1957; Romer, 1990; Cass, 1965; Koopmans, 1963），經濟成長理論不會分析究竟經濟成長會發生在何處。另一方面，空間經濟學（新經濟地理學）則著重在經濟活動的空間分布，然而，第 2 章至第 5 章都是靜態模型的架構，也就是沒有時間的概念，因此無從說明實體資本或者人力資本從何而來。於 1999 年，Baldwin（1999）與 Martin and Ottaviano（1999）（簡稱 MO 模型）各自整合新經濟地理與經濟成長這兩個理論架構。第 10 章將會介紹這兩篇文章：Baldwin（1999）整合 Martin and Rogers（1995）與 Ramsey-Cass-Koopmans 模型，屬於外生成長架構；MO 模型則整合 Martin and Rogers（1995）與 Grossman and Helpman（1991），屬於內生成長架構。

參考文獻

Alonso, W. (1964). *Location and land use: Toward a general theory of land rent*. Harvard University Press.

Baldwin, R. E. (1999). Agglomeration and endogenous capital. *European Economic Review, 43*(2), 253-280.

Baldwin, R. E. and Okubo, T. (2006). Heterogeneous firms, agglomeration and economic geography: Spatial selection and sorting. *Journal of Economic Geography, 6*(3), 323-346. https://doi.org/10.1093/jeg/lbi020

Cantillon, R. (1755). *Essai sur la nature du commerce en general*. Macmillan.

Cass, D. (1965). Optimum growth in an aggregative model of capital accumulation. *Review of Economic Studies, 32*(3), 233-240.

Chamberlin, E. H. (1933). *The theory of monopolistic competition*. Harvard University Press.

Combes, P. P., Mayer, T., and Thisse, J. F. (2008). *Economic geography: The integration of regions and nations*. Princeton University Press.

de Condillac, E. B. (1776). *Le Commerce et le Gouvernement considérés relativement l'un à l'autre*. Jombert et Cellot.

Dixit, A. K. and Stiglitz, J. E. (1977). Monopolistic competition and optimum product diversity. *The American Economic Review, 67*(3), 297-308.

Dockès, P. (1969). *L'Espace dans la pensée économique du XVIe au XVIIIe siècle*. Flammarion.

Florida, R. (2017). *The new urban crisis: How our cities are increasing inequality, deepening segregation, and failing the middle class—And what we can do about it*. New York: Basic Books.

Forslid, R. and Ottaviano, G. I. P. (2003). An analytically solvable core-periphery model. *Journal of Economic Geography, 3*(3), 229-240.

Fujita, M. and Thisse, J. F. (2013). *Economics of agglomeration: Cities, industrial location, and globalization* (2ed). Cambridge University Press.

Gaspar, J. M. (2018). A prospective review on New Economic Geography. *The Annals of Regional Science, 61*(2), 237-272.

Grossman, G. M. and Helpman, E. (1991). *Innovation and growth in the global economy*. The MIT Press.

Head, K. and Mayer, T. (2014). Gravity equations: Workhorse, toolkit, and cookbook. In G. Gopinath, E. Helpman, and K. Rogoff (Eds.), *Handbook of international economics* (4th ed, pp. 131-95): Elsevier.

Helpman, E. (1998). The size of regions. In D. Pines, E. Sadka, and I. Zilcha (Eds.), *Topics in public economics* (pp. 33-54): Cambridge University Press.

Hotelling, H. (1929). Extend access to the economic journal. *The Economic Journal, 39*(153), 41-57.

Koopmans, T. C. (1963). *On the concept of optimal economic growth* (No. 163). Cowles Foundation for Research in Economics, Yale University.

Krugman, P. R. (1979). Increasing returns, monopolistic competition, and international trade. *Journal of International Economics, 9*(4), 469-479.

Krugman, P. R. (1980). Scale economies, product differentiation, and the pattern of trade. *American Economic Review, 70*(5), 950-959.

Krugman, P. R. (1991). Increasing returns and economic geography. *Journal of Political Economy, 99*(3), 483-499.

Krugman, P. R. (1993). First nature, second nature, and metropolitan location. *Journal of Regional Science, 33*(2), 129-144.

Marshall, A. (1920). *Principles of economics* (8ed). Macmillan.

Martin, P. and Ottaviano, G. I. P. (1999). Growing locations: Industry location in a model of endogenous growth. *European Economic Review, 43*(2), 281-302.

Martin, P. and Rogers, C. A. (1995). Industrial location and public infrastructure. *Journal of International Economics, 39*, 335-351.

Melitz, M. J. (2003). The impact of trade on intra-industry reallocations and aggregate industry productivity. *Econometrica, 71*(6), 1695-1725. https://doi.org/10.1111/1468-0262.00467

Ottaviano, G. I. P., Tabuchi, T., and Thisse, J. F. (2002). Agglomeration and trade revisited. *International Economic Review, 43*(2), 409-435.

Pflüger, M. (2004). A simple, analytically solvable, Chamberlinian agglomeration model. *Regional Science and Urban Economics, 34*(5), 565-573. https://doi.org/10.1016/s0166-0462(03)00043-7

Ponsard, C. (1983). *History of spatial Economic theory*. Springer.

Proost, S. and Thisse, J.-F. (2019). What can be learned from spatial economics? *Journal of Economic Literature, 57*(3), 575-643. https://doi.org/10.1257/jel.20181414

Romer, P. M. (1990). Endogenous technological change. *Journal of Political Economy, 98*(5), S71-S102.

Solow, R. M. (1957). Technical change and the aggregate production function. *Review of Economics and Statistics, 39*(3), 312-320.

Starrett, D. (1978). Market allocations of location choice in a model with free mobility. *Journal of Economic Theory, 17*(1), 21-37.

Steuart, J. (1767). *An inquiry into the principles of political economy*. London: Printed for A. Millar, and T. Cadell, in the Strand.

Tabuchi, T. (1998). Urban agglomeration and dispersion: A synthesis of Alonso and Krugman. *Journal of Urban Economics, 44*, 333-351.

von Ehrlich, M. and Seidel, T. (2013). More similar firms — More similar regions? On the role of firm heterogeneity for agglomeration. *Regional Science and Urban Economics, 43*(3), 539-548. https://doi.org/10.1016/j.regsciurbeco.2013.02.007

von Thünen, J. H. (1826). *Der isolierte Staat in Beziehung auf Landwirtschaft und Nationalökonomie*. Gustav Fischer.

Weber, A. (1909). *Theory of the location of industry*. University of Chicago Press.

第 2 章 ｜ 核心邊陲模型

2.1 緣起

經濟地理學的重要研究 —— 空間中的生產區位 —— 在標準經濟分析中僅是一個不受重視的問題。尤其是國際貿易理論，傳統上將國家視爲沒有空間尺度（dimensionless），具體來說，經常假設國家之間運輸零成本。總而言之，經濟地理學的研究在經濟理論中僅被認爲是一個邊緣角色，但是經濟地理學的事實無疑是現實世界經濟最顯著的特徵之一。例如：美國大部分人口居住在少數大都市地區。據中華民國國家發展委員會都市及區域發展統計彙編顯示：在 2023 年，都市計畫區內人口占總人口的比例約爲 78.9%。Krugman（1991）重新研究經濟地理學，應用 Dixti and Stiglitz（1977）獨占性競爭的架構，嘗試將這一領域長期但非正式傳統的見解建構出正式模型，稱爲核心邊陲模型（core-periphery model，CP 模型），其目的在闡明區位的關鍵問題之一：爲什麼以及何時製造業集中在少數幾個地區，而其他地區相對不發達？我們將看到的是，基於規模經濟（economies of scale）與運輸成本的相互作用。在 Krugman（1991）模型中，他主要關注的是：爲何製造業最終可能集中在一個國家的一個或幾個地區。

Krugman 採用一個假設，即有時導致核心邊陲模型出現的外部性是與需求或供給有關的金錢外部性（pecuniary externalities），而不是純粹的技術外部性。在競爭性一般均衡（competitive general equilibrium）中，金錢外部性沒有福利意義。然而，在過去的幾十年中，人們發現在不完全競爭（imperfect competition）和報酬遞增（increasing returns）的情況下，金錢外部性很重要。同時，藉由關注金錢外部性，我們能夠分析比外部經濟以某種隱性的形式出現時更加具體。

最後，後續各節的安排如下：我們將說明 CP 模型的一些設定，這

些設定我參考自 Fujita et al.（1999）的內容，接著呈現 CP 模型的數值模擬的結果，最後再分析一些關鍵的方程式在模型中的運作。

2.2 模型設定

在一個經濟體中，有兩個同質的區域，$i = 1, 2$，且有兩個部門，分別是獨占性競爭的製造業部門以及完全競爭的農業部門。每區域都有兩個生產要素，在農業部門的農夫與在製造業部門的勞工，農夫不能在區域間移動，但是勞工能夠在區域間移動。

2.2.1 家戶

每家戶的效用函數是 Cobb-Douglas 函數：

$$U_i = M_i^\mu A_i^{1-\mu}, \ i = 1, 2 \tag{2.1}$$

其中，M 為整合性製造業產品的消費，A 為農產品的消費，$0 < \mu < 1$ 為一固定常數。[1] 每個製造業產品都是有差異的，因此，M 在這裡是項複合財貨，具體來說，是許多不同品項的製造業產品的消費組合。M 定義為固定替代彈性（constant elasticity of substitution）的函數：

$$M_i = \left[\int_{s=0}^{n} m_i(s)^\rho ds \right]^{\frac{1}{\rho}}, \ i = 1, 2 \tag{2.2}$$

其中，$m(s)$ 表示製造業產品品項 s 的消費量，$s \in [0, n]$，$0 < \rho < 1$

1　因為 Cobb-Douglas 函數的特性，μ 也代表花費在製造業產品的支出比例。

代表家戶對於每個製造業產品品項的偏好程度，$\sigma = \frac{1}{1-\rho} > 1$ 代表任意兩個製造業產品品項間的替代彈性。接著，家戶並沒有儲蓄的行為，他的收入用於購買製造業產品以及農產品，如下式所示：

$$p_{Ai}A_i + \int_{s=0}^{n} m_i(s)p_i(s)ds = y_i，i = 1, 2 \qquad (2.3)$$

其中，y 為所得，p_A 為農產品價格，$p(s)$ 表示製造業產品品項的價格。

2.2.2 農業部門

農業部門是完全競爭市場，且假設在固定規模報酬下投入一單位的勞工會生產一單位的農產品。這些農產品是沒有產品差異，換言之，農產品是同質的（homogenous）。最後，我們假設這些農產品在區域間（內）的運輸都不需要考慮運輸成本，這使得農產品價格在兩區域是相同的，即 $p_{A1} = p_{A2} = p_A$。另外，農產品在完全競爭市場的定價為農夫的薪資 w_{Ai}，即 $p_{Ai} = w_{Ai}$，$i = 1, 2$。也因此，兩地的農業薪資也會是相同的，即 $p_{A1} = p_{A2} = w_{A1} = w_{A2} = p_A$。為了簡化後續的分析，我們假設農產品為標準化財貨，即 $p_{A1} = p_{A2} = w_{A1} = w_{A2} = 1$。

2.2.3 製造業部門

製造業部門是獨占性競爭市場，由於規模報酬遞增、消費者偏好多樣化產品品項以及製造業產品的潛在品項無限，因此沒有一家廠商會選擇生產由另一家廠商提供的相同品項。這意味著每個品項只有在一個地點由一家製造業廠商生產，因此製造業廠商的家數與製造業產品的品項數量是相同的。生產過程假設只需要勞工，勞工的需求分別為固定的勞

工需求以及變動的勞工需求：

$$L_{Mi}(s) = F + a_m M_i(s) \qquad (2.4)$$

其中 $L_{Mi}(s)$ 是製造業廠商對於勞工的需求量，F 為固定勞工投入量，a_m 是生產一單位產品的勞工投入量，$M_i(s)$ 是品項 s 的總生產量。當製造業產品從產地運輸至另一區域的市場販售時，需考慮運輸成本。假設運輸成本為冰山（iceberg）形式（Samuelson, 1954）。具體來說，運輸 $\tau > 1$ 單位的產品至另一區域時，只剩下一單位的產品可供販售，運輸過程中損失的部分視為運輸成本。這個假設無須另外設定運輸部門，大幅地簡化模型的設定。最後，區域 i 製造業廠商的利潤函數為 $\Pi_i(s)$ 如下：

$$\Pi_i(s) = p_{ii}(s)m_{ii}(s) + p_{ij}(s)m_{ij}(s) - w_{Mi}[F + a_m(m_{ii}(s) + \tau m_{ij}(s))] \qquad (2.5)$$

其中 $p_{ii}(s)$ 是在區域 i 產地販售的價格，$p_{ij}(s)$ 是區域 i 廠商至區域 j 販售的價格，$m_{ii}(s)$ 是在區域 i 產地販售的數量，$m_{ij}(s)$ 是從區域 i 產地運輸至區域 j 販售的數量，$m_{ii}(s) + \tau m_{ij}(s) = M_i(s)$，$w_{Mi}$ 是區域 i 製造業勞工的薪資，$i, j = 1, 2$，且 $i \neq j$。

2.3 均衡

首先，我們求解消費者的最適選擇。家戶的消費先選擇消費製造業產品或農產品，接著，在製造業產品中選擇某個品項的產品。因此，我們先求解第二層家戶對於製造業產品每個品項的需求量，接著再計算第一層製造業產品以及農產品的需求。

每個品項的需求量是求最小化製造業產品的支出，須滿足製造業產品爲複合性財貨 M_i 的限制。最小化問題表達如下：

$$\min \int_{s=0}^{n} m_i(s)p_i(s)ds \quad \text{s.t.} \quad M_i = \left[\int_{s=0}^{n} m_i(s)^\rho ds\right]^{\frac{1}{\rho}} \tag{2.6}$$

令 λ 爲拉格朗日乘數（Lagrange multiplier），而拉格朗日函數（Lagrangian function）可以寫成：

$$\int_{s=0}^{n} m_i(s)p_i(s)ds + \lambda\left\{M_i - \left[\int_{s=0}^{n} m_i(s)^\rho ds\right]^{\frac{1}{\rho}}\right\} \tag{2.7}$$

接著，我們分別對兩個品項 s_1 與 s_2 以及 λ 求一階導數並令其爲零，整理 s_1 及 s_2 的一階導數得到下式：

$$m_i(s_2) = m_i(s_1)\left[\frac{p_i(s_1)}{p_i(s_2)}\right]^{\frac{1}{1-\rho}} \tag{2.8}$$

將第 (2.8) 式代入第 (2.6) 式的限制式，並進一步整理得到：

$$m_i(s_2) = \frac{p_i(s_2)^{\frac{1}{\rho-1}}}{\left[\int_{s=0}^{n} p_i(s)^{\frac{\rho}{\rho-1}}ds\right]^{\frac{1}{\rho}}} \cdot M_i \tag{2.9}$$

由於第 (2.9) 式對於任一品項而言均會成立，因此，可以寫成更爲一般化的形式：

$$m_i(s) = \left\{ \frac{\rho_i(s)^{\frac{1}{\rho-1}}}{\left[\int_{s=0}^{n} p_i(s)^{\frac{\rho}{\rho-1}}ds\right]^{\frac{1}{\rho}}} \right\} M_i \qquad (2.10)$$

將第 (2.10) 式代入第 (2.6) 式的目標函數，可以得到：

$$\int_{s=0}^{n} m_i(s)p_i(s)ds = \left\{ \left[\int_{s=0}^{n} p_i(s)^{\frac{\rho}{\rho-1}}ds\right]^{\frac{\rho-1}{\rho}} \right\} M_i \qquad (2.11)$$

我們定義物價指數 $G_i = \left[\int_{s=0}^{n} p_i(s)^{\frac{\rho}{\rho-1}}ds\right]^{\frac{\rho-1}{\rho}} = \left[\int_{s=0}^{n} p_i(s)^{1-\sigma}ds\right]^{\frac{1}{1-\sigma}}$，它是指衡量購買一單位整合性製造業產品的最小支出。因此，可以進一步將第 (2.10) 式改寫成

$$m_i(s) = \left[\frac{p_i(s)}{G_i}\right]^{-\sigma} M_i \qquad (2.12)$$

另外，第 (2.6) 式的目標式可以改寫為 $\int_{s=0}^{n} m_i(s)p_i(s)ds = G_i M_i$。接下來，可求解第一層製造業產品與農產品的效用極大化問題：

$$\max U_i = M_i^{\mu} A_i^{1-\mu} \quad \text{s.t.} \quad p_{Ai}A_i + G_i M_i = y_i \qquad (2.13)$$

我們可以得到製造業產品以及農產品的需求函數：

$$M_i = \frac{\mu y_i}{G_i} \qquad (2.14)$$

$$A_i = \frac{(1-\mu)y_i}{p_{Ai}} \qquad (2.15)$$

將第 (2.14) 式代入第 (2.12) 式可以得到：

$$m_i(s) = \mu y_i [p_i(s)]^{-\sigma}(G_i)^{\sigma-1} \qquad （2.16）$$

最後，我們將第 (2.14) 式與第 (2.15) 式代入第 (2.13) 式的目標式得到間接效用函數：

$$V_i = \mu^\mu(1-\mu)^{1-\mu} y_i G_i^{-\mu} p_{Ai}^{-(1-\mu)}，i = 1, 2 \qquad （2.17）$$

由 (2.17) 式得知，此間接效用函數為所得經製造業財貨與農業財貨的價格調整而得，故可視為實質所得，而 $G_i^\mu p_{Ai}^{(1-\mu)}$ 可稱為生活成本指標（cost-of-living index）。接著，由於勞工會比較兩區域間的實質薪資高低，因此，我們還需要求解製造業勞工的薪資，再由此生活成本指標調整為實質薪資。

在製造業廠商方面，由於製造業廠商追求利潤極大化，對第 (2.5) 式產量 $m_{ii}(s)$ 以及 $m_{ij}(s)$ 求一階導數，並令其為零可以得到：

$$\frac{\partial \pi_i(s)}{\partial m_{ii}(s)} = p_{ii}(s) + \frac{\partial p_{ii}(s)}{\partial m_{ii}(s)} m_{ii}(s) - a_m w_{Mi} = 0$$

$$\frac{\partial \pi_i(s)}{\partial m_{ij}(s)} = p_{ij}(s) + \frac{\partial p_{ij}(s)}{\partial m_{ij}(s)} m_{ij}(s) - \tau a_m w_{Mi} = 0$$

需注意的是上兩式對產量求導數時，須將價格對產量求偏導數。另外，將第 (2.16) 式兩邊取對數後可以得到 $\ln m_i(s) = \ln\mu + \ln y_i - \sigma\ln p_i(s) + (\sigma-1)\ln G_i$。需注意的是，這裡有一個假設是每一家製造業廠商並沒有能力去影響區域的物價水準 G_i，因此求算需求彈性時不考慮單一品項

的價格對於物價水準 G_i 的影響，即 $\dfrac{\partial \ln G_i}{\partial \ln p_i(s)}=0$。接著，我們可以求解

得到需求彈性是替代彈性，即 $\dfrac{\partial \ln m_i(s)}{\partial \ln p_i(s)}=\dfrac{\partial m_i(s)}{\partial p_i(s)}\cdot\dfrac{p_i(s)}{m_i(s)}=-\sigma$。將此結果

代入上面兩條方程式中可得到

$$p_{ii}(s)\left(1-\frac{1}{\sigma}\right)=a_m w_{Mi} \Rightarrow p_{ii}(s)=\frac{\sigma a_m w_{Mi}}{\sigma-1} \tag{2.18}$$

$$p_{ij}(s)\left(1-\frac{1}{\sigma}\right)=\tau a_m w_{Mi} \Rightarrow p_{ij}(s)=\frac{\sigma\tau a_m w_{Mi}}{\sigma-1} \tag{2.19}$$

　　從第 (2.18) 式以及第 (2.19) 式可以看到，不同產品 s 的產品價格是一樣的，這是因為我們隱含了廠商的生產力是無差異的，因此不同產品之間在定價上並沒有差異，只存在不同區域之間售價不同。接著，將第 (2.18) 式與第 (2.19) 式代入第 (2.5) 式利潤函數，因為在均衡時獨占性競爭廠商利潤為零，因此：

$$\frac{\sigma a_m w_{Mi}}{\sigma-1}m_{ii}(s)+\frac{\sigma\tau a_m w_{Mi}}{\sigma-1}m_{ij}(s)-w_{Mi}[F+a_m M_i(s)]=0 \tag{2.20}$$

進一步整理第 (2.20) 式，可以得到總產量 $M_i(s)$：

$$M_i(s)=\frac{F}{a_m}(\sigma-1)，i=1,2 \tag{2.21}$$

因此，勞動需求為：

$$L_{Mi}(s)=F+a_m\frac{F}{a_m}(\sigma-1)=F\sigma，i=1,2 \tag{2.22}$$

另外，我們可以得到製造業廠商家數：

$$n_i = \frac{h_i H}{L_{Mi}(s)} = \frac{h_i H}{F\sigma} , \quad i = 1, 2 \qquad (2.23)$$

其中，$h_i \in [0, 1]$ 代表區域 i 的製造業勞工比例，H 是製造業勞工總人數。知道廠商家數以及定價後，我們就可以求解物價指數：

$$G_i = \left[\int_{s=0}^{n} p_i(s)^{1-\sigma} ds \right]^{\frac{1}{1-\sigma}} = \left[\left(\frac{\sigma a_m w_{Mi}}{\sigma-1} \right)^{1-\sigma} n_i + \left(\frac{\sigma \tau a_m w_{Mj}}{\sigma-1} \right)^{1-\sigma} n_j \right]^{\frac{1}{1-\sigma}}$$

其中 n_i、n_j 分別代表在區域 i 與區域 j 的製造業廠商家數。整理上式可得物價指數方程式：

$$G_i = \left(\frac{\sigma a_m}{\sigma-1} \right) \left[(w_{Mi})^{1-\sigma} n_i + \phi(w_{Mj})^{1-\sigma} n_j \right]^{\frac{1}{1-\sigma}} , \quad i, j = 1, 2 \text{ and } i \neq j \quad (2.24)$$

其中 $\phi = \tau^{1-\sigma} \in (0,1]$ 代表貿易自由度。由市場清除法則，產品的需求量應等於供給量，我們可得到製造業勞工的薪資方程式。區域 i 製造業廠商面對的需求量等於該區域與另一區域需求量的總和，$m_{ii}(s) + \tau m_{ij}(s)$，這兩區域的需求量分別為：

$$m_{ii}(s) = \mu Y_i [p_{ii}(s)]^{-\sigma} [G_i]^{\sigma-1} \qquad (2.25)$$

$$\tau m_{ij}(s) = \mu Y_j \tau [\tau p_{ii}(s)]^{-\sigma} [G_j]^{\sigma-1} \qquad (2.26)$$

其中，Y_i 代表區域 i 的總要素（包括所有勞工與農夫）所得，$i, j = 1, 2 \text{ and } i \neq j$。而供給量為 $M_i(s)$。此外，將第 (2.18) 式的價格代入供給

量，由市場清除條件可以得到薪資方程式爲第 (2.27) 式：

$$M_i(s) = \mu[p_{ii}(s)]^{-\sigma}\big[Y_i(G_i)^{\sigma-1} + \phi Y_j(G_j)^{\sigma-1}\big]$$

$$\Rightarrow w_{Mi} = \frac{\sigma-1}{\sigma a_m}\left\{\frac{\mu}{M_i(s)}\big[Y_i(G_i)^{\sigma-1} + \phi Y_j(G_j)^{\sigma-1}\big]\right\}^{1/\sigma} \qquad (2.27)$$

$$i, j = 1, 2 \text{ and } i \neq j$$

我們藉由兩區域物價指數方程式、總要素所得以及薪資方程式共六條求解實質薪資。爲了減少求解時的外生參數，假設邊際成本 $a_m = \frac{\sigma-1}{\sigma}$，則 $p_{ii}(s) = w_{Mi}$、$p_{ij}(s) = \tau w_{Mi}$、$M_i(s) = F\sigma = L_{Mi}(s)$。接著，假設勞工總人數均標準化爲 1，其中製造業勞工總人數爲 μ，農業勞工人數爲 $1 - \mu$。另外，假設 $F = \mu/\sigma$，$n_i = h_i$，$M_i(s) = L_{Mi}(s) = \mu$。最後，這六條方程式可以表示如下：

$$Y_1 = w_{M1}h_1\mu + \frac{1-\mu}{2} \qquad (2.28)$$

$$Y_2 = w_{M2}(1-h_1)\mu + \frac{1-\mu}{2} \qquad (2.29)$$

$$G_1 = \big[(w_{M1})^{1-\sigma}h_1 + \phi(w_{M2})^{1-\sigma}(1-h_1)\big]^{\frac{1}{1-\sigma}} \qquad (2.30)$$

$$G_2 = \big[(w_{M2})^{1-\sigma}(1-h_1) + \phi(w_{M1})^{1-\sigma}h_1\big]^{\frac{1}{1-\sigma}} \qquad (2.31)$$

$$w_{M1} = \big[Y_1(G_1)^{\sigma-1} + \phi Y_2(G_2)^{\sigma-1}\big]^{1/\sigma} \qquad (2.32)$$

$$w_{M2} = \big[Y_2(G_2)^{\sigma-1} + \phi Y_1(G_1)^{\sigma-1}\big]^{1/\sigma} \qquad (2.33)$$

當求解得出兩區域的薪資以及物價指數後，我們可以得到製造業勞工在第一區與第二區的實質薪資差異表示如下：

$$\omega = \mu^{\mu}(1-\mu)^{1-\mu}(w_{M1}G_1^{-\mu} - w_{M2}G_2^{-\mu}) \qquad （2.34）$$

當 $\omega > 0$，表示製造業勞工會從區域 2 遷移並聚集到區域 1；當 $\omega < 0$，表示製造業勞工會從區域 1 遷移並聚集到區域 2；最後，當 $\omega = 0$，表示製造業勞工在兩區域的實質薪資相等，勞工將不會遷徙。

2.4 數值模擬

由於第 (2.28) 式至第 (2.33) 式為非線性方程式，因此我們透過數值模擬求解製造業勞工薪資以及物價指數，並進一步計算兩區域的實質薪資差異。儘管這個模型是透過數值模擬得到結果，但在後續介紹改良的版本（Forslid and Ottaviano, 2003）所得到的結果並無差異。首先，我們設定以下參數的數值分別是：$\mu = 0.3$、$\sigma = 4$。接著，代入不同數值的 h_1 以及 τ，結果呈現如下：

在運輸成本高（$\tau = 2$）的情境下，兩區域實質薪資差異（2.33）式如圖 2.1。若區域 1 有超過一半的製造業勞工，$h_1 > 0.5$，此時對於製造業勞工而言，區域 2 的實質薪資比區域 1 來得高，以至於他們會從區域 1 遷移至區域 2；反之，若區域 1 有不到一半的製造業勞工，$h_1 < 0.5$，此時對於製造業勞工而言，區域 1 的實質薪資比區域 2 來得高，以至於他們會從區域 2 遷移至區域 1。最後，直到兩區域的實質薪資相等，製造業勞工才沒有誘因遷移，此時空間分布呈現對稱，$h_1 = 0.5$。注意此時的曲線斜率為負。

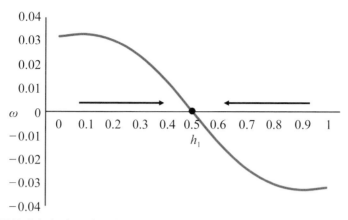

圖 2.1　運輸成本高（$\tau = 2$）的情境

　　在運輸成本低（$\tau = 1.5$）的情境下，如圖 2.2。若區域 1 有超過一半的製造業勞工，$h_1 > 0.5$，此時對於製造業勞工而言，區域 1 的實質薪資比區域 2 來得高，以至於他們會從區域 2 遷移至區域 1；反之，若區域 1 有不到一半的製造業勞工，$h_1 < 0.5$，此時對於製造業勞工而言，區域 2 的實質薪資比區域 1 來得高，以至於他們會從區域 1 遷移至區域 2。最後，直到製造業勞工完全聚集在區域 1（$h_1 = 1$）或者區域 2（$h_1 = 0$），空間分布呈現核心邊陲分布，亦即，所有製造業勞工與廠商聚集於一區，而另一區只有農業。因此，$h_1 = 0.5$ 時，雖然兩區域實質薪資相等，但是此均衡點並不穩定，h_1 些微的變動就會移動至 $h_1 = 0$ 或 $h_1 = 1$。注意此時的曲線斜率為正。

　　在運輸成本居中（$\tau = 1.65$）的情境下，如圖 2.3，若區域 1 的製造業勞工 $h_1 < a$，此時對於製造業勞工而言，區域 2 的實質薪資比區域 1 來得高，以至於他們會從區域 1 遷移至區域 2。若區域 1 的製造業勞工 $h_1 > b$，此時對於製造業勞工而言，區域 1 的實質薪資比區域 2 來得高，以至於他們會從區域 2 遷移至區域 1。在前兩者的情形，$h_1 < a$ 以及 $h_1 > b$，最後製造業勞工分別完全聚集在區域 1 及區域 2，空間分布呈現

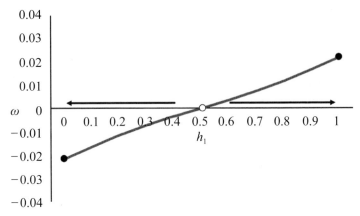

圖 2.2　運輸成本低（$\tau = 1.5$）的情境

核心邊陲分布，$h_1 = 1$ 以及 $h_1 = 0$。若區域 1 的技術勞工比例為 $a < h_1$ < 0.5 或者 $0.5 < h_1 < b$，則最後會傾向對稱分布 $h_1 = 0.5$。因此，$h_1 = a$ 以及 $h_1 = b$ 這兩個均衡點是不穩定的，此時的曲線斜率均為正。以 $h_1 = a$ 而言，當 h_1 稍稍小於 a，結果就會移至 $h_1 = 0$；當 h_1 稍稍大於 a，結果就會移至 $h_1 = 0.5$。$h_1 = b$ 也有類似的結果。而 $h_1 = 0.5$ 的均衡點是穩定的，此時的曲線斜率為負。

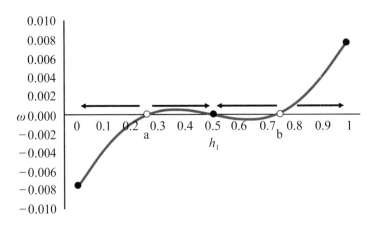

圖 2.3　運輸成本居中（$\tau = 1.65$）的情境

最後，我們可以把上述在不同的運輸成本下之空間分布繪製成戰斧圖（bifurcation diagram），如圖 2.4。當運輸成本 $\tau \in (1, 1.64)$，勞工的空間分布呈現核心邊陲分布，即 $h_1 = 1$ 或 $h_1 = 0$，其中，$\tau = 1.64$ 為隨著運輸成本減少而對稱分布被打破的突破點（break point）；當運輸成本 $\tau > 1.68$，勞工的空間分布則呈現對稱分布，$h_1 = 0.5$，其中 $\tau = 1.68$ 為隨著運輸成本增加而不再出現核心邊陲分布的維持點（sustain point）；當運輸成本 $\tau \in (1.64, 1.68)$，勞工的空間分布是 $h_1 = 1$、$h_1 = 0$ 或者是 $h_1 = 0.5$，即多重均衡（multiple equilibria）。

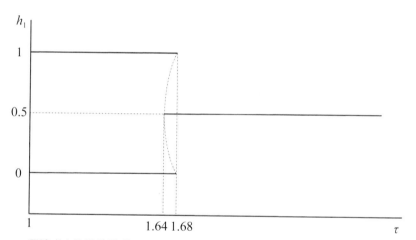

圖 2.4　運輸成本改變的戰斧圖

2.5 價格指數效果、本地市場效果以及非黑洞條件 [2]

儘管我們難以求解得到第 (2.34) 式的可分析解，但仍然可以對其進一步分析一些關鍵的方程式，即第 (2.30) 式至第 (2.33) 式以及實質薪

2　本節的技術性分析屬於進階內容，建議初學者以理解這些效果如何在模型中運作為主。

資。在 CP 模型中，構成聚集力的兩個效果分別是價格指數效果（price index effect）與本地市場效果（home market effect）。另外，在其他條件不變下，當一個區域有愈多的勞工提供勞動力，則也會造成該區域名目薪資愈低。這個效果在某項條件下讓勞工在空間上出現分散力，以避免模型裡聚集力量過強，這個條件稱為非黑洞條件（no-black-hole condition），最後將討論這項條件的內容。以下的分析我們假設空間分布是對稱的，即 $h_1 = h_2 = 0.5 = h$，$Y_1 = Y_2 = Y$，則 $G_1 = G_2 = G$ 且 $w_1 = w_2 = w$。

由於空間分布是對稱的，因此第 (2.30) 式以及第 (2.31) 式是相同的。我們可以表示為以下方程式：

$$G = [(w)^{1-\sigma}h + \phi(w)^{1-\sigma}h]^{\frac{1}{1-\sigma}} \qquad （2.35）$$

$$\Rightarrow G^{1-\sigma} = (1+\phi)(w)^{1-\sigma}h \Rightarrow 1+\phi = \frac{G^{1-\sigma}}{(w)^{1-\sigma}h}$$

另外，當某一個區域發生改變時，另一區域也會發生變化，即 $dG_1 = -dG_2 = dG$，$dw_1 = -dw_2 = dw$。我們對第 (2.30) 式進行全微分：[3]

$$dG = G_h dh + G_w dw \qquad （2.36）$$

其中，

$$G_h = \frac{1}{1-\sigma}[(1+\phi)(w)^{1-\sigma}h]^{\frac{1}{1-\sigma}-1}(1-\phi)(w)^{1-\sigma}$$

$$G_w = \frac{1}{1-\sigma}[(1+\phi)(w)^{1-\sigma}h]^{\frac{1}{1-\sigma}-1}(1-\sigma)h(w)^{-\sigma}(1-\phi)$$

......

3　詳細的推導如章末附錄 2.A.1。

最後我們可以整理得到：[4]

$$\frac{dG}{G} = \left(\frac{1}{1-\sigma}\right)(1-\phi)h\left(\frac{G}{w}\right)^{\sigma-1}\left[\frac{dh}{h} + (1-\sigma)\frac{dw}{w}\right] \tag{2.37}$$

假設勞動供給是完全彈性的，亦即 $dw = 0$。因為 $1 - \sigma < 0$ 且 $\phi < 1$，第 (2.36) 式顯示 $\frac{dh}{h}$ 愈高時 $\frac{dG}{G}$ 愈低，亦即，製造業勞工比例愈高的區域，物價指數愈低，我們稱為價格指數效果（price index effect），這是因為在該區域中需要運輸的製造業產品比例較低。我們整理得到以下特性：

性質 1：製造業勞工比例愈高的區域，製造業物價指數愈低

同樣地，基於對稱分布，我們可以改寫第(2.32)式以及第(2.33)式，

$$w = \left[Y(G)^{\sigma-1} + \phi Y(G)^{\sigma-1}\right]^{1/\sigma} = \left[(1+\phi)Y(G)^{\sigma-1}\right]^{1/\sigma} \tag{2.38}$$

$$\Rightarrow 1+\phi = \frac{w^\sigma}{Y(G)^{\sigma-1}} = \frac{w^\sigma}{Y(G)^{\sigma-1}}\left(\frac{w^{1-\sigma}}{w^{1-\sigma}}\right) = \frac{w}{Y}\left(\frac{G}{w}\right)^{1-\sigma}$$

對第 (2.32) 式進行全微分：[5]

$$dw = w_Y dY + w_G dG \tag{2.39}$$

其中，

$$w_Y = \frac{1}{\sigma}\left[(1+\phi)\,Y(G)^{\sigma-1}\right]^{\frac{1}{\sigma}-1}(1-\phi)\,G^{\sigma-1}$$

$$w_G = \frac{1}{\sigma}\left[(1+\phi)\,Y(G)^{\sigma-1}\right]^{\frac{1}{\sigma}-1}(1-\phi)(\sigma-1)G^{\sigma-2}Y$$

我們可以整理得到：[6]

$$\frac{dw}{w} = \frac{1}{\sigma}(1-\phi)\left(\frac{Y}{w}\right)\left(\frac{G}{w}\right)^{\sigma-1}\left[\frac{dY}{Y}+(\sigma-1)\frac{dG}{G}\right] \qquad （2.40）$$

接著，定義一個新參數，

$$z = \frac{1-\phi}{1+\phi} \in (0,1) \qquad （2.41）$$

其中，z 代表貿易成本指標，其值介於 0 與 1 之間。若運輸成本相當小，亦即 $\phi \to 1$，則 z 趨近於 0；若運輸成本相當大，則 z 趨近於 1。從第 (2.35) 可以推得 $1+\phi = \frac{G^{1-\sigma}}{(w)^{1-\sigma}h}$，所以第 (2.37) 式重新改寫可得：

$$\frac{dG}{G} = \left(\frac{1}{1-\sigma}\right)z\frac{dh}{h}+z\frac{dw}{w} \qquad （2.42）$$

再將第 (2.42) 式代入第 (2.40) 式整理得到：

$$\left[\frac{\sigma}{z}+z(1-\sigma)\right]\frac{dw}{w}+z\frac{dh}{h}=\frac{dY}{Y} \qquad （2.43）$$

同樣地，給定製造業勞工是完全彈性的，即 $dw = 0$，我們可以縮

6　詳細的推導如章末附錄 2.A.4。

減第 (2.43) 式爲 $z\dfrac{dh}{h}=\dfrac{dY}{Y}\Rightarrow\dfrac{dh}{h}=\dfrac{1}{z}\left(\dfrac{dY}{Y}\right)$，其中 $\dfrac{1}{z}>1$。這說明在其他條件不變下，當一區域的所得（或需求）增加 1% 時，其製造業的就業增加多於 1%，這個效果稱爲本地市場效果（home market effect）。我們整理這項結果如下：

性質 2：區域擁有的市場需求增加，可產生更高的製造業就業比例

在本節的最後，我們討論非黑洞條件。這項條件的目的在於當滿足非黑洞條件時，製造業的分布不會只得到核心邊陲分布。以下考慮製造業勞工的間接效用函數（或實質薪資），在一個封閉經濟體（$z = 1$）的情形，將第 (2.17) 式中的 y 換成 w，且 $p_{Ai} = 1$，接著對第 (2.17) 式取對數後全微分得到：[7]

$$\frac{dV}{V}=\frac{dw}{w}-\mu\frac{dG}{G} \qquad (2.44)$$

我們將第 (2.37) 式與第 (2.40) 式代入第 (2.44) 式可以得到：[8]

$$\frac{dV}{V}=(1-\mu)\frac{dY}{Y}+\left(\frac{\mu-\rho}{\rho}\right)\left(\frac{dh}{h}\right) \qquad (2.45)$$

在一區域中支出不變（$dY = 0$）情況下，增加製造業勞工對實質薪資的影響有兩部分：一則因區域中對製造業財貨支出不變，勞工（L）增加，使名目薪資（w）同比例下降；二則因製造業就業量增加，製造業財貨種類增加，而使物價指標（G）下降。若第二效果太強而大於第一效果，則實質薪資必上升，而使得製造業廠商聚集於此區域，此模型

7　這裡我們省略第（2.17）式中的常數部分 $\mu^{\mu}(1-\mu)^{1-\mu}$，這項省略並不會影響非黑洞條件的結果。
8　詳細的推導如章末附錄 2.A.5。

的製造業在空間分布上將只會出現核心邊陲模型。爲了避免這個結果，我們需要假設 $\frac{\mu-\rho}{\rho}<0$，即 $\mu<\rho$。我們整理成命題 1，內容如下：

命題 1：當 $\mu<\rho$，在一區域中支出不變的情況下，製造業勞工人數的增加，會使實質薪資下降，我們稱爲非黑洞條件。

2.A 附錄

2.A.1 對第 (2.30) 式全微分

第 (2.30) 式爲：

$$G_1=[(w_{M1})^{1-\sigma}h_1+\phi(w_{M2})^{1-\sigma}(1-h_1)]^{\frac{1}{1-\sigma}} \qquad (2.A.1)$$

我們對第 (2.A.1) 式全微分得到：

$$dG_1=G_{h_1}dh_1+G_{w_{M1}}dw_{M1}+G_{w_{M2}}dw_{M2} \qquad (2.A.2)$$

其中，

$$G_{h_1}=\frac{1}{1-\sigma}[(w_{M1})^{1-\sigma}h_1+\phi(w_{M2})^{1-\sigma}(1-h_1)]^{\frac{1}{1-\sigma}-1}[(w_{M1})^{1-\sigma}-\phi(w_{M2})^{1-\sigma}]$$

$$G_{w_{M1}}=\frac{1}{1-\sigma}[(w_{M1})^{1-\sigma}h_1+\phi(w_{M2})^{1-\sigma}(1-h_1)]^{\frac{1}{1-\sigma}-1}(1-\sigma)(w_{M1})^{-\sigma}h_1$$

$$G_{w_{M2}}=\frac{1}{1-\sigma}[(w_{M1})^{1-\sigma}h_1+\phi(w_{M2})^{1-\sigma}(1-h_1)]^{\frac{1}{1-\sigma}-1}\phi(1-\sigma)(w_{M2})^{-\sigma}(1-h_1)$$

由於 $h_1=0.5=h$ 以及 $w_{M1}=w_{M2}=w$，則我們可以改寫 G_{h_1}、$G_{w_{M1}}$ 以及 $G_{w_{M2}}$：

$$G_h = \frac{1}{1-\sigma}\left[(1+\phi)(w)^{1-\sigma}h\right]^{\frac{1}{1-\sigma}-1}\left[(1-\phi)w^{1-\sigma}\right]$$

$$G_{w_{M1}} = \frac{1}{1-\sigma}\left[(1+\phi)(w)^{1-\sigma}h\right]^{\frac{1}{1-\sigma}-1}(1-\sigma)(w)^{-\sigma}h$$

$$G_{w_{M2}} = \frac{1}{1-\sigma}\left[(1+\phi)(w)^{1-\sigma}h\right]^{\frac{1}{1-\sigma}-1}\phi(1-\sigma)(w)^{-\sigma}h$$

另外，因爲 $dw_{M1} = dw = -dw_{M2}$，所以 $dG = G_h dh + G_{w_{M1}}dw - G_{w_{M2}}dw$，最後就可以得到：

$$dG = G_h dh + G_w dw \qquad\qquad （2.A.3）$$

其中，

$$G_h = \frac{1}{1-\sigma}\left[(1+\phi)(w)^{1-\sigma}h\right]^{\frac{1}{1-\sigma}-1}(1-\phi)(w)^{1-\sigma}$$

$$G_w = \frac{1}{1-\sigma}\left[(1+\phi)(w)^{1-\sigma}h\right]^{\frac{1}{1-\sigma}-1}(1-\sigma)h(w)^{-\sigma}(1-\phi)$$

2.A.2 第 (2.37) 式的推導

$$dG = G_h dh + G_w dw$$

$$\Rightarrow (1-\sigma)dG = (1-\phi)\left[(1+\phi)(w)^{1-\sigma}h\right]^{\frac{\sigma}{1-\sigma}}\left[(w)^{1-\sigma}dh + (1-\sigma)(w)^{-\sigma}dw\right]$$

$$\Rightarrow \frac{(1-\sigma)}{G}dG = \frac{(1-\phi)\left[(1+\phi)(w)^{1-\sigma}h\right]^{\frac{\sigma}{1-\sigma}}\left[(w)^{1-\sigma}dh + (1-\sigma)(w)^{-\sigma}dw\right]}{\left[(1+\phi)(w)^{1-\sigma}h\right]^{\frac{1}{1-\sigma}}}$$

$$\Rightarrow \frac{(1-\sigma)dG}{G} = (1-\phi)(1+\phi)^{-1}\left[\frac{dh}{h} + (1-\sigma)\frac{dw}{w}\right]$$

$$\therefore \frac{dG}{G} = \frac{1}{(1-\sigma)}(1-\phi)\,h\left(\frac{G}{w}\right)^{\sigma-1}\left[\frac{dh}{h}+(1-\sigma)\frac{dw}{w}\right] \qquad (2.A.4)$$

2.A.3 對第 (2.32) 式全微分

第 (2.32) 式爲：

$$w_{M1} = [Y_1(G_1)^{\sigma-1}+\phi Y_2(G_2)^{\sigma-1}]^{1/\sigma} \qquad (2.A.5)$$

我們對第 (2.A.5) 式全微分得到：

$$dw_{M1} = \frac{\partial w_{M1}}{\partial Y_1}dY_1 + \frac{\partial w_{M1}}{\partial Y_2}dY_2 + \frac{\partial w_{M1}}{\partial G_1}dG_1 + \frac{\partial w_{M1}}{\partial G_2}dG_2 \qquad (2.A.6)$$

其中，

$$\frac{\partial w_{M1}}{\partial Y_1} = \frac{1}{\sigma}[Y_1(G_1)^{\sigma-1}+\phi Y_2(G_2)^{\sigma-1}]^{\frac{1}{\sigma}-1}(G_1)^{\sigma-1}$$

$$\frac{\partial w_{M1}}{\partial Y_2} = \frac{1}{\sigma}[Y_1(G_1)^{\sigma-1}+\phi Y_2(G_2)^{\sigma-1}]^{\frac{1}{\sigma}-1}\phi(G_2)^{\sigma-1}$$

$$\frac{\partial w_{M1}}{\partial G_1} = \frac{1}{\sigma}[Y_1(G_1)^{\sigma-1}+\phi Y_2(G_2)^{\sigma-1}]^{\frac{1}{\sigma}-1}(\sigma-1)\,Y_1(G_1)^{\sigma-1-1}$$

$$\frac{\partial w_{M1}}{\partial G_2} = \frac{1}{\sigma}[Y_1(G_1)^{\sigma-1}+\phi Y_2(G_2)^{\sigma-1}]^{\frac{1}{\sigma}-1}\phi(\sigma-1)\,Y_2(G_2)^{\sigma-1-1}$$

接著 $dY_1 = dY = -dY_2$，$dG_1 = dG = -dG_2$，且 $dw_{M1} = dw$，則可以整理得到：

$$dw = w_Y dY + w_G dG \qquad (2.A.7)$$

其中，

$$w_Y = \frac{1}{\sigma} \left[(1+\phi) \, Y(G)^{\sigma-1} \right]^{\frac{1}{\sigma}-1} (1-\phi) \, G^{\sigma-1}$$

$$w_G = \frac{1}{\sigma} \left[(1+\phi) \, Y(G)^{\sigma-1} \right]^{\frac{1}{\sigma}-1} (1-\phi)(\sigma-1) \, G^{\sigma-2} Y$$

2.A.4 第 (2.40) 式的推導

$$dw = w_Y dY + w_G dG$$

$$\Rightarrow \sigma dw = G^{\sigma-1} \left[Y(G)^{\sigma-1}(1+\phi) \right]^{\frac{1}{\sigma}-1} (1-\phi) \left[dY + Y(\sigma-1)\frac{dG}{G} \right]$$

$$\Rightarrow \sigma \frac{dw}{w} = \frac{G^{\sigma-1} \left[Y(G)^{\sigma-1}(1+\phi) \right]^{\frac{1}{\sigma}-1} (1-\phi) \left[dY + Y(\sigma-1)\frac{dG}{G} \right]}{\left[Y(G)^{\sigma-1}(1+\phi) \right]^{\frac{1}{\sigma}}}$$

$$\therefore \frac{dw}{w} = \frac{1}{\sigma}(1-\phi)\left(\frac{Y}{w}\right)\left(\frac{G}{w}\right)^{\sigma-1} \left[\frac{dY}{Y} + (\sigma-1)\frac{dG}{G} \right] \qquad （2.A.8）$$

2.A.5 第 (2.45) 式的推導

第 (2.44) 式爲：

$$\frac{dV}{V} = \frac{dw}{w} - \mu \frac{dG}{G} \qquad （2.A.9）$$

由此可知，我們需要求解 $z=1$ 時的 $\frac{dw}{w}$ 以及 $\frac{dG}{G}$，將 $z=1$ 代入第 (2.42) 式、第 (2.43) 式分別得到：

$$\frac{dG}{G} = \left(\frac{1}{1-\sigma}\right)\frac{dh}{h} + \frac{dw}{w} \qquad (2.A.10)$$

$$\frac{dw}{w} + \frac{dh}{h} = \frac{dY}{Y} \qquad (2.A.11)$$

第 (2.A.10) 式又可以改寫為：

$$\frac{dG}{G} = \frac{1}{(1-\sigma)}\frac{dh}{h} + \frac{dY}{Y} - \frac{dh}{h} = \frac{dY}{Y} + \left(\frac{\sigma}{1-\sigma}\right)\frac{dh}{h}$$

因此，第 (2.A.9) 式可以改寫成：

$$\frac{dV}{V} = \frac{dY}{Y} - \frac{dh}{h} - \mu\left[\frac{dY}{Y} + \left(\frac{\sigma}{1-\sigma}\right)\frac{dh}{h}\right]$$

$$\Rightarrow \frac{dV}{V} = (1-\mu)\frac{dY}{Y} + \left(\frac{\mu-\rho}{\rho}\right)\frac{dh}{h} \qquad (2.A.12)$$

其中，$\rho = \dfrac{\sigma-1}{\sigma}$。

參考文獻

Dixit, A. K. and Stiglitz, J. E. (1977). Monopolistic competition and optimum product diversity. *The American Economic Review, 67*(3), 297-308.

Forslid, R. and Ottaviano, G. I. P. (2003). An analytically solvable core-periphery model. *Journal of Economic Geography, 3*(3), 229-240.

Fujita, M., Krugman, P. R., and Venables, A. (1999). *The spatial economy: Cities, regions, and international trade*. MIT Press, Cambridge, MA.

Krugman, P. R. (1991). Increasing returns and economic geography. *Journal of Political Economy, 99*(3), 483-499.

Samuelson, P. (1954). The transfer problem and transport costs, II: Analysis of effects of trade impediments. *The Economic Journal, 64*(254), 264-289.

第 3 章｜隨處資本模型

3.1 前言

Footloose capital model（隨處資本模型，FC 模型）是由 Martin and Rogers（1995）開發的模型。這個模型架構的特色在於，它是新經濟地理模型的可分析解架構，並且也在模型中展示了聚集力。須注意的是，FC 模型的聚集力來自於本地市場效果。具體來說，若一開始空間分布不是對稱時，聚集的產生表現於廠商會聚集在市場需求大的區域。另外，FC 模型與 CP 模型的差異除了聚集力的來源以及勞動力的假設外，製造業廠商使用的生產要素有兩項：資本以及勞動力。廠商的生產要素中所使用的資本是向家戶租用，而無論資本在哪裡被廠商使用，租金能夠在區域間流動而回到持有資本的家戶手上。

儘管 FC 模型中勞動力不存在區域間流動的假設，使得無法用於解釋空間尺度在一個國家內部區域之間聚集現象，但依然能夠提供解釋製造業在空間上國與國之間的經濟活動。也因此，FC 模型在後續的模型發展中朝向區域經濟成長，亦可解釋國家之間發展呈現差距的現象。

接著後續各節的安排如下：我們將說明 FC 模型的一些設定，這些設定我們參考自 Baldwin et al.（2003）的內容。接著呈現 FC 模型的空間分布，最後將進一步分析一些關鍵的方程式在模型中的運作。

3.2 模型設定

在一個經濟體中，有兩個同質的區域，$i = 1, 2$，且有兩個部門，分別是獨占性競爭的製造業部門以及完全競爭的農業部門。生產要素有資本以及勞工，且勞工無法在區域間自由移動，但能夠在部門間自由轉換工作，廠商則能夠在區域間自由移動。

3.2.1 家戶

每位家戶的效用函數假設是 Cobb-Douglas 函數：

$$U_i = M_i^{\mu} A_i^{1-\mu} \text{，} i = 1, 2 \tag{3.1}$$

其中，M 為製造業產品，A 為農產品的消費，$0 < \mu < 1$ 為一固定常數。因為每家生產的製造業產品是有差異的，因此，M 是一項複合財貨，具體來說，是許多不同品項的製造業產品的消費組合，M 定義為固定替代彈性（constant elasticity of substitution）的函數：

$$M_i = \left[\int_{s=0}^{n} m_i(s)^{\rho} ds \right]^{\frac{1}{\rho}} \text{，} i = 1, 2 \tag{3.2}$$

其中，$m(s)$ 表示製造業產品品項 s 的消費量，$s \in [0,n]$，$0 < \rho < 1$ 代表家戶對於每個製造業產品品項的偏好程度，設定 $\sigma = \dfrac{1}{1-\rho} > 1$，代表任意兩個製造業產品品項的替代彈性。接著，家戶並沒有儲蓄的行為，且家戶只會提供一單位的勞動力，他的收入會用於購買製造業產品以及農產品，如下式所示：

$$p_{Ai} A_i + \int_{s=0}^{n} m_i(s) p_i(s) ds = y_i \text{，} i = 1, 2 \tag{3.3}$$

其中，y 為要素所得，p_A 為農產品價格，$p(s)$ 表示製造業產品品項 s 的價格。

3.2.2 農業部門

農業部門是完全競爭市場，且假設在固定規模報酬下投入一單位

的勞工會生產一單位的農產品，這些農產品是沒有產品差異；換言之，農產品是同質的（homogenous）。最後，我們假設這些農產品在區域間（內）都不需要考慮運輸成本，這使得農產品價格在兩區域是相同的 $p_{A1} = p_{A2} = p_A$。另外，農產品在完全競爭市場的定價為勞工的農業薪資 w_i，即 $p_{Ai} = w_i$，$i = 1, 2$。因此，兩地的農業薪資也會是相同的，即 $p_{A1} = p_{A2} = w_1 = w_2 = p_A$。[1] 為了簡化後續的分析，我們假設農產品為標準化財貨，即 $p_{A1} = p_{A2} = w_1 = w_2 = 1$。

3.2.3 製造業部門

製造業部門是獨占性競爭市場，由於規模報酬遞增、消費者偏好多樣化產品品項以及製造業產品的潛在品項無限，因此沒有一家廠商會選擇生產由另一家廠商提供的相同品項。這意味著每個品項只有在一個地點由一家製造業廠商生產，因此製造業廠商的家數與製造業產品的品項數量是相同的。生產過程需要一單位的資本 K 以及 $a_m M_i(s)$ 單位的勞工，而總成本 $TC(s)$ 包含（固定）資本租金成本 π_i 以及變動成本 $w_i a_m M_i(s)$：

$$TC_i(s) = \pi_i + w_i a_m M_i(s) = \pi_i + a_m M_i(s)，i = 1, 2 \qquad (3.4)$$

其中 a_m 是邊際勞工投入量，$M_i(s)$ 是品項 s 的總生產量。當製造業產品從產地運輸至另一區域的市場販售時，需考慮運輸成本。假設運輸成本為冰山（iceberg）形式（Samuelson, 1954），具體來說，運送 $\tau > 1$ 單位的產品從產地至另一區域的市場時，只剩下一單位的產品可供販

1　這項條件也被稱為非專業化條件（non-full-specialization condition），意思是任何單一區域沒辦法生產足夠的農產品產量來滿足兩區域的消費者對於農產品的需求量，詳細推導詳見文末附錄 3.A.1。

售，運輸過程中損失的部分視為運輸成本。這個假設無須另外設定運輸部門，大幅地簡化模型的設定。最後，區域 i 製造業廠商的利潤函數 $\Pi_i(s)$ 為：

$$\Pi_i(s) = p_{ii}(s)m_{ii}(s) + p_{ij}(s)m_{ij}(s) - \pi_i - a_m \left[m_{ii}(s) + \tau m_{ij}(s) \right] \qquad （3.5）$$

其中 $p_{ii}(s)$ 是在區域 i 產地販售的價格，$p_{ij}(s)$ 是區域 i 廠商至區域 j 販售的價格，$m_{ii}(s)$ 是在區域 i 產地販售的產量，$m_{ij}(s)$ 是從區域 i 產地運輸至區域 j 販售的產量，$m_{ii}(s) + \tau m_{ij}(s) = M_i(s)$，$w_{Mi}$ 是區域 i 製造業勞工的薪資，$i, j = 1, 2$，且 $i \neq j$。

3.3 均衡

首先，我們求解消費者的最適選擇，家戶的消費先選擇消費製造業產品或農產品；第二，在製造業產品中選擇某個品項的產品。因此，我們先求解第二層家戶對於製造業產品每個品項的需求量，接著再計算第一層製造業產品以及農產品的需求。

每個品項的需求量是求最小化製造業產品的支出，須滿足製造業產品為複合性財貨 M_i 的限制。因此，可以將這個最小化問題表達如下：

$$\min \int_{s=0}^{n} m_i(s)p_i(s)ds \quad \text{s.t.} \quad M_i = \left[\int_{s=0}^{n} m_i(s)^\rho ds \right]^{\frac{1}{\rho}} \qquad （3.6）$$

令 λ 為拉格朗日乘數（Lagrange multiplier）。拉格朗日函數（Lagrangian function）可以寫成：

$$\int_{s=0}^{n} m_i(s)p_i(s)ds + \lambda \left\{ M_i - \left[\int_{s=0}^{n} m_i(s)^{\rho}ds \right]^{\frac{1}{\rho}} \right\} \tag{3.7}$$

接著，我們分別選取兩個品項 s_1、s_2 以及 λ 求一階導數並令其為零，進一步整理 s_1 及 s_2 的一階導數得到下式：

$$m_i(s_2) = m_i(s_1) \left[\frac{p_i(s_1)}{p_i(s_2)} \right]^{\frac{1}{1-\rho}} \tag{3.8}$$

將第 (3.8) 式代入第 (3.6) 式的限制式，並進一步整理得到：

$$m_i(s_2) = \frac{p_i(s_2)^{\frac{1}{\rho-1}}}{\left[\int_{s=0}^{n} p_i(s_1)^{\frac{\rho}{\rho-1}}ds \right]^{\frac{1}{\rho}}} \cdot M_i \tag{3.9}$$

由於第 (3.9) 式對於任一組的兩種品項而言均會成立，則我們可以寫成更為一般化的形式：

$$m_i(s) = \left\{ \frac{\rho_i(s)^{\frac{1}{\rho-1}}}{\left[\int_{s=0}^{n} p_i(s)^{\frac{\rho}{\rho-1}}ds \right]^{\frac{1}{\rho}}} \right\} M_i \tag{3.10}$$

將第 (3.10) 式代入第 (3.6) 式的目標函數，可以得到：

$$\int_{s=0}^{n} m_i(s)p_i(s)ds = \left\{ \left[\int_{s=0}^{n} p_i(s)^{\frac{\rho}{\rho-1}}ds \right]^{\frac{\rho-1}{\rho}} \right\} M_i \tag{3.11}$$

我們定義物價指數 $G_i = \left[\int_{s=0}^{n} p_i(s)^{\frac{\rho}{\rho-1}}ds \right]^{\frac{\rho-1}{\rho}} = \left[\int_{s=0}^{n} p_i(s)^{1-\sigma}ds \right]^{\frac{1}{1-\sigma}}$，它

是指衡量購買一單位製造業產品的最小支出。因此，可以進一步將第 (3.10) 式改寫成：

$$m_i(s) = \left[\frac{p_i(s)}{G_i}\right]^{-\sigma} M_i \qquad （3.12）$$

另外，第 (3.6) 式的目標函數可以改寫為 $\int_{s=0}^{n} m_i(s)p_i(s)ds = G_i M_i$。接下來，可求解第一層製造業產品與農產品的效用極大化問題：

$$\max U_i = M_i^{\mu} A_i^{1-\mu} \quad \text{s.t.} \quad p_{Ai}A_i + G_i M_i = y_i \qquad （3.13）$$

與求解最小化支出同樣的方法，可以分別得到製造業產品以及農產品的需求函數：

$$M_i = \frac{\mu y_i}{G_i} \qquad （3.14）$$

$$A_i = \frac{(1-\mu)y_i}{p_{Ai}} = (1-\mu)y_i \qquad （3.15）$$

將第 (3.14) 式代入第 (3.12) 式可以得到：

$$m_i(s) = \mu y_i [p_i(s)]^{-\sigma}(G_i)^{\sigma-1} \qquad （3.16）$$

在製造業廠商方面，由於製造業廠商追求利潤極大化，將第 (3.5) 式對產量 $m_{ii}(s)$ 以及 $m_{ij}(s)$ 求一階導數並令其為零，可以得到：

$$\frac{\partial \Pi_i(s)}{\partial m_{ii}(s)} = p_{ii}(s) + \frac{\partial p_{ii}(s)}{\partial m_{ii}(s)} m_{ii}(s) - a_m = 0$$

$$\frac{\partial \Pi_i(s)}{\partial m_{ij}(s)} = p_{ij}(s) + \frac{\partial p_{ij}(s)}{\partial m_{ij}(s)} m_{ij}(s) - \tau a_m = 0$$

需注意的是上兩式對產量求導數時，須將價格對產量求偏導數。另外，將第 (3.16) 式兩邊取對數後可以得到 $\ln m_i(s) = \ln \mu + \ln y_i - \sigma \ln p_i(s) + (\sigma - 1) \ln G_i$。需注意的是，這邊有一個假設是每一家製造業廠商並沒有能力去影響區域的物價水準 G_i，因此求算需求彈性時不考慮單一品項的價格對於物價水準 G_i 的影響，即 $\frac{\partial \ln G_i}{\partial \ln p_i(s)} = 0$。接著，可以求解得到替代彈性，即 $\frac{\partial \ln m_i(s)}{\partial \ln p_i(s)} = \frac{\partial m_i(s)}{\partial p_i(s)} \cdot \frac{p_i(s)}{m_i(s)} = -\sigma$。利用這個結果代入上面兩條方程式中，得到：

$$p_{ii}(s)\left(1 - \frac{1}{\sigma}\right) = a_m \Rightarrow p_{ii}(s) = \frac{\sigma a_m}{\sigma - 1} \tag{3.17}$$

$$p_{ij}(s)\left(1 - \frac{1}{\sigma}\right) = \tau a_m \Rightarrow p_{ij}(s) = \frac{\sigma \tau a_m}{\sigma - 1} \tag{3.18}$$

接著將第 (3.17) 式以及第 (3.18) 式代入物價指數，可以得到：

$$G_1 = \frac{\sigma a_m}{\sigma - 1}(H_1 + \phi H_2)^{\frac{1}{1 - \sigma}} \tag{3.19}$$

$$G_2 = \frac{\sigma a_m}{\sigma - 1}(H_2 + \phi H_1)^{\frac{1}{1 - \sigma}} \tag{3.20}$$

其中，$\phi = \tau^{1-\sigma} \in (0, 1]$ 代表貿易自由度，$H_1 \in [0,1]$ 以及 $H_2 \in [0,1]$ 分別是區域 1 與區域 2 的廠商數，而 m_{ii} 以及 m_{ij} 分別是：

$$m_{ii} = \frac{(\sigma - 1)\mu}{\sigma a_m}\left(\frac{Y_i}{H_i + \phi H_j}\right) \tag{3.21}$$

$$m_{ij} = \frac{(\sigma - 1)\mu}{\sigma a_m}\left(\frac{\tau^{-\sigma}Y_j}{H_j + \phi H_i}\right) \tag{3.22}$$

其中，Y_i 是區域 i 的總收入（或總支出），包含勞工薪資 $w_i L_i$ 以及資本租金 $\pi_i K_i$。由於製造業廠商面對獨占性競爭市場，以至於每家廠商支付的資本租金即為收入減去變動成本後的營業利潤（operating profits）。區域 1 廠商的資本租金，在代入定價規則 (3.17) 與 (3.18) 以及產品數量 (3.21) 與 (3.22) 後可得：

$$
\begin{aligned}
\pi_1 &= p_{11}m_{11} + p_{12}m_{12} - a_m(m_{11} + \tau m_{12}) \qquad\qquad (3.23)\\
&= \frac{p_{11}m_{11}}{\sigma} + \frac{p_{12}m_{12}}{\sigma} = \frac{a_m}{\sigma - 1}(m_{11} + \tau m_{12})\\
&= \frac{\mu}{\sigma}\left(\frac{Y_1}{H_1 + \phi H_2} + \frac{\phi Y_2}{H_2 + \phi H_1}\right)\\
&= \frac{\mu}{\sigma}\left[\frac{y}{h + \phi(1 - h)} + \frac{\phi(1 - y)}{(1 - h) + \phi h}\right]\left(\frac{Y}{H}\right) = \frac{\mu}{\sigma}B_1\left(\frac{Y}{H}\right)
\end{aligned}
$$

其中，$h = \dfrac{H_1}{H} \in [0,1]$ 表示區域 1 的製造業廠商家數占總數的比例，$y = \dfrac{Y_1}{Y} \in [0,1]$ 表示區域 1 的消費支出占經濟體總消費支出的比例，以及 $B_1 = \dfrac{y}{h + \phi(1 - h)} + \dfrac{\phi(1 - y)}{(1 - h) + \phi h}$。同樣地，我們可以得到 $\pi_2 = \dfrac{\mu}{\sigma}B_2\left(\dfrac{Y}{H}\right)$，其中 $B_2 = \dfrac{\phi y}{h + \phi(1 - h)} + \dfrac{(1 - y)}{(1 - h) + \phi h}$。另外，由於每家廠商都需要一單位的資本，因此，$H_1 + H_2 = H = K = K_1 + K_2 = kK + (1 - k)K$，其中 $k = h \in [0,1]$，代表區域 1 的資本量占總資本量的比例。我們可以

改寫兩區域的營業利潤分別是 $\pi_1 = \dfrac{\mu}{\sigma} D_1 \left(\dfrac{Y}{K}\right)$，$\pi_2 = \dfrac{\mu}{\sigma} D_2 \left(\dfrac{Y}{K}\right)$，其中

$D_1 = \dfrac{y}{k + \phi(1-k)} + \dfrac{\phi(1-y)}{(1-k) + \phi k}$、$D_2 = \dfrac{\phi y}{k + \phi(1-k)} + \dfrac{(1-y)}{(1-k) + \phi k}$。

　　因此，我們需要求解 y 與 k 這兩個內生變數，以下先計算 Y。經濟體總消費支出等於兩區域各自的勞動薪資以及資本租金收入之總和：

$$Y = w_1 \frac{L}{2} + w_2 \frac{L}{2} + kK\pi_1 + (1-k)K\pi_2 \qquad (3.24)$$

$$= L + kK\frac{\mu}{\sigma} D_1\left(\frac{Y}{K}\right) + (1-k)K\frac{\mu}{\sigma} D_2\left(\frac{Y}{K}\right)$$

$$= L + \frac{\mu}{\sigma} Y[kD_1 + (1-k)D_2]$$

$$= L + \frac{\mu}{\sigma} Y\left[k\left(\frac{y}{k+\phi(1-k)} + \frac{\phi(1-y)}{(1-k)+\phi k}\right)\right.$$

$$\left. + (1-k)\left(\frac{\phi y}{k+\phi(1-k)} + \frac{(1-y)}{(1-k)+\phi k}\right)\right]$$

$$= L + \frac{\mu}{\sigma} Y\left[\frac{ky}{k+\phi(1-k)} + \frac{k\phi(1-y)}{(1-k)+\phi k} + \frac{(1-k)\phi y}{k+\phi(1-k)}\right.$$

$$\left. + \frac{(1-k)(1-y)}{(1-k)+\phi k}\right]$$

$$= L + \frac{\mu}{\sigma} Y[y+(1-y)] = L + \frac{\mu}{\sigma} Y$$

$$\Rightarrow Y = \frac{L}{1 - \dfrac{\mu}{\sigma}} \qquad (3.25)$$

接著，區域 1 的消費支出為 $Y_1 = w_1 \dfrac{L}{2} + k\dfrac{\mu}{\sigma} Y$，等號兩邊同除以 Y，並將 $Y = \dfrac{L}{1 - \dfrac{\mu}{\sigma}}$ 與 $w_1 = 1$ 代入第 (3.25) 式可得：

$$y^* = \frac{1}{2}\left(1 - \frac{\mu}{\sigma}\right) + \frac{\mu}{\sigma}k^* \qquad (3.26)$$

第 (3.26) 式顯示：1. 若知道區域 1 擁有的勞動 $\frac{L}{2}$ 以及資本稟賦 k^* 數量，則消費支出的空間分布 y^* 就能夠知道，並與資本在哪個區域被租用無關。由於資本的報酬會回到持有者手中，這也隱含資本的空間分布與廠商的空間分布 h 是獨立的；2. 消費支出的空間分布是勞動力與資本在空間分布上的加權平均數。從廠商的空間分布來看，廠商的分布可能是聚集解 $h^* = 1$ 或 $h^* = 0$，或者是非聚集解 $h^* \in (0,1)$。其中，非聚集解（內部解）表示廠商在兩區域之間是沒有營業利潤的差異，也就是：

$$\pi_1 = \pi_2 \qquad (3.27)$$

在此情況下，廠商沒有誘因改變區位，進一步整理第 (3.27) 式，

$$\frac{y}{h+\phi(1-h)} + \frac{\phi(1-y)}{(1-h)+\phi h} = \frac{\phi y}{h+\phi(1-h)} + \frac{(1-y)}{(1-h)+\phi h}$$

$$\frac{y}{h+\phi(1-h)} = \frac{(1-y)}{(1-h)+\phi h}$$

$$\Rightarrow h^* = \frac{\phi y^* + y^* - \phi}{1-\phi} = \frac{1}{2} + \frac{1+\phi}{1-\phi}\left(y^* - \frac{1}{2}\right) \qquad (3.28)$$

其中，由於 $h^* \in (0,1)$，則 $\frac{1}{2} + \frac{1+\phi}{1-\phi}\left(y^* - \frac{1}{2}\right) \geq 0$，得到 $y^* \geq \frac{\phi}{1+\phi}$；另一方面，$\frac{1}{2} + \frac{1+\phi}{1-\phi}\left(y^* - \frac{1}{2}\right) \leq 1$，則 $y^* \leq \frac{1}{1+\phi}$。因此，$y^* \in \left(\frac{\phi}{1+\phi}, \frac{1}{1+\phi}\right)$；

反之，若 $y^* \notin \left(\dfrac{\phi}{1+\phi}, \dfrac{1}{1+\phi}\right)$，則爲聚集解（角解），$h^* = 1$ 或 $h^* = 0$。第 (3.28) 式提供了以下訊息：1. h^* 與 y^* 之間的斜率爲正，$\dfrac{1+\phi}{1-\phi} > 0$，因爲 $\phi \in (0,1)$，因此，$\dfrac{1+\phi}{1-\phi} > 1$；2. 消費支出的空間分布如何決定廠商的空間分布。當消費支出的空間分布發生變化時，廠商的空間分布會有更大比例的影響（因爲 $\dfrac{1+\phi}{1-\phi} > 1$），即本地市場效果（home market effect）被強化了；3. 當區域間營業利潤有差異時，它提供廠商如何在區域間移動的過程。

3.4 圖形解

　　本節我們透過描繪出第 (3.26) 式以及第 (3.28) 式來說明 *FC* 模型的結果，如圖 3.1。在圖 3.1 中，縱軸是區域 1 的廠商數占全體的比例，即廠商的空間分布 h^*；橫軸則是區域 1 的消費支出占整個經濟體比例，亦即消費支出的空間分布 y^*。

　　前面第 (3.26) 式提及，無論廠商在哪個區域使用資本，資本的報酬最終還是會回到資本擁有者，也就是與製造業廠商在哪個區域是無關的。又假設兩區域的人口是各自有 0.5，因此，第 (3.26) 式在圖 3.1 裡是一條垂直線。第 (3.26) 式裡消費支出的空間分布除了與資本報酬有關，也影響廠商的空間分布，製造業廠商在第 (3.26) 式這條垂直線上移動。在圖 3.1 裡第 (3.26) 式的箭頭方向，則是透過第 (3.28) 式決定廠商在空間上的移動（箭頭）方向，說明如下：

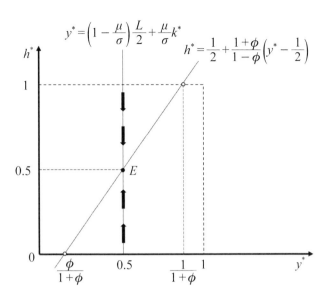

圖 3.1　對稱區域的 FC 模型

　　這裡我們會借用到動態經濟分析的相位圖形（phase diagram）概念來說明，見圖 3.2。第 (3.27) 式廠商的空間分布為沒有營業利潤差異；換言之，從動態角度來看，在穩態時，製造業廠商沒有誘因移動，即 $\frac{dh}{dt} = \dot{h} = \pi_1 - \pi_2 = 0$。由於第 (3.27) 式可以推導得到第 (3.28) 式，這表示第 (3.28) 式在 h 與 y 的平面空間與 $\dot{h} = 0$ 是同一條線，我們可以透過第 (3.28) 式為正斜率，即 $\left. \frac{dh}{dy} \right|_{\dot{h}=0} = \frac{1+\phi}{1-\phi} > 0$，進一步判斷製造業廠商移動（箭頭）的方向：在 $\dot{h} = 0$ 左邊為 $\dot{h} < 0$，表示 $\pi_1 < \pi_2$，廠商的移動方向是從區域 1 往區域 2，箭頭方向往下；在 $\dot{h} = 0$ 右邊則為 $\dot{h} > 0$，表示 $\pi_1 > \pi_2$，表示廠商的移動方向是從區域 2 往區域 1，箭頭方向往上。

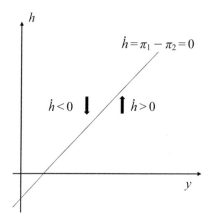

圖 3.2　廠商的移動方向

　　因此，在圖 3.2 裡第 (3.26) 式的上半段（$h > 1/2$）落在 $\dot{h} < 0$，表示 $\pi_1 < \pi_2$，製造業廠商往區域 2 移動，箭頭往下；下半段（$h < 1/2$）落在 $\dot{h} > 0$，表示 $\pi_1 > \pi_2$，製造業廠商往區域 1 移動，箭頭往上，也因此對稱分布是穩定的空間分布。另外，當貿易自由度趨近 1 時，第 (3.28) 式此時為垂直線，與第 (3.26) 式重疊，這表示不論哪種空間分布都是無差異的。因此，我們將上述的結果繪製成戰斧圖，如圖 3.3。

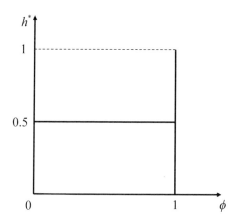

圖 3.3　對稱區域 FC 模型戰斧圖

　　我們可以進一步建構出不對稱區域的 FC 模型，假設勞動稟賦的空間分布為 $L_1 > L_2$，因此，我們令區域 1 的勞動稟賦占經濟體的比例為 $\frac{L}{2} + \varepsilon \in (0,1)$，其中 $\varepsilon > 0$ 為常數。在不對稱區域的 FC 模型中，第 (3.26) 式可以改寫為：

$$y^* = \left(1 - \frac{\mu}{\sigma}\right)\left(\frac{L}{2} + \varepsilon\right) + \frac{\mu}{\sigma} k^* \qquad （3.29）$$

　　接著，將第 (3.28) 式與第 (3.29) 式繪於平面上，其中縱軸是廠商的空間分布 h^*，橫軸則是消費支出的空間分布 y^*。如同圖 3.1，第 (3.29) 式在平面上是通過 $y^* = \frac{L}{2} + \varepsilon$ 的垂直線。最後，廠商在區域 1 的比例為 $0.5 + v$，其中 $v > 0$ 為常數。

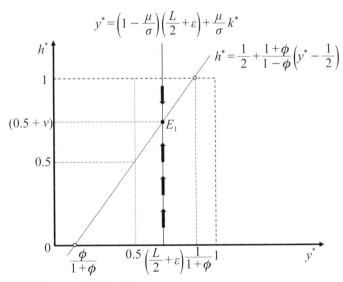

圖 3.4　不對稱區域 FC 模型戰斧圖

3.A 附錄

3.A.1 非專業化條件

非專業化條件是指，單一區域所生產的農產品產量無法滿足兩區域的消費者對於農產品的需求量，可以用以下不等式來描述：

$$\frac{L}{2} < (1 - \mu)Y_1 + (1 - \mu)Y_2 = (1 - \mu)Y \qquad (3.A.1)$$

我們將第 (3.25) 式代入第 (3.A.1) 式，並整理得到：

$$\frac{L}{2} < (1 - \mu)\frac{L}{1 - \frac{\mu}{\sigma}} \Rightarrow \mu < \frac{\sigma}{2\sigma - 1} \qquad (3.A.2)$$

因此，非專業化條件為 $\mu < \frac{\sigma}{2\sigma - 1}$，此條件隱含 $\sigma > 0.5$。

參考文獻

Baldwin, R., Forslid, R., Martin, P., Ottaviano, G. I. P., and Robert-Nicoud, F. (2003). *Economic geography and public policy*. Princeton University Press.

Martin, P. and Rogers, C. A. (1995). Industrial location and public infrastructure. *Journal of International Economics*, *39*, 335-351.

Samuelson, P. (1954). The transfer problem and transport costs, II: Analysis of effects of trade impediments. *The Economic Journal, 64*(254), 264-289.

第 4 章｜隨處企業家模型

4.1 前言

　　隨處企業家模型（Footloose entrepreneur model，FE 模型）是由 Forslid and Ottaviano（2003）開發的模型。這個模型架構與 FC 模型（Martin and Rogers, 1995）有些相似，其差異在於 FE 模型的製造業廠商僱用的是技術勞工（skilled worker）而非資本作為固定成本，使得技術勞工的名目薪資即為廠商的營業利潤，並且技術勞工基於實質薪資來決定區位。與 FC 模型最大的不同在於，FE 模型是假設技術勞工可以跨區域移動，而非技術勞工不可以跨區域移動，但是 FC 模型則未區分技術勞工與非技術勞工，其所有勞工都不能跨區域移動。值得注意的是，跨區域移動的假設保留了 CP 模型重要的效果，即價格指數效果、本地市場效果以及市場擁擠效果，發揮聚集力以及分散力的作用。除此之外，FE 模型架構也提供了可分析解。

　　後續各節的安排如下：將先說明 FC 模型的一些設定，這些設定參考 Forslid and Ottaviano（2003）的內容；接著呈現 FE 模型的空間分布，最後將進一步分析一些關鍵的方程式在模型中的運作。

4.2 模型設定

　　在一個經濟體中，有兩個同質的區域，$i = 1, 2$，且有兩個部門，分別是獨占性競爭的製造業部門以及完全競爭的農業部門。生產要素有技術勞工（skilled workers）以及非技術勞工（unskilled workers）。技術勞工能夠在區域間自由移動，而非技術勞工則無法在區域間自由移動，但能夠在兩個部門間自由轉換工作。

4.2.1 家戶

每個家戶的效用函數是 Cobb-Douglas 函數：

$$U_i = M_i^{\mu} A_i^{1-\mu} \text{，} i = 1, 2 \qquad （4.1）$$

其中，M 為製造業產品，A 為農產品的消費，$0 < \mu < 1$ 為一固定常數。因為每家生產的製造業產品是有差異的，因此，M 是一項複合財貨；具體來說，是許多不同品項的製造業產品的消費組合，M 定義為固定替代彈性（constant elasticity of substitution）的函數：

$$M_i = \left[\int_{s=0}^{n} m_i(s)^{\rho} ds \right]^{\frac{1}{\rho}} \text{，} i = 1, 2 \qquad （4.2）$$

其中，$m(s)$ 表示製造業產品品項 s 的消費量，$s \in [0,n]$，$0 < \rho < 1$ 代表家戶對於每個製造業產品品項的偏好程度，$\sigma = \frac{1}{1-\rho} > 1$ 代表任意兩個製造業產品品項的替代彈性。接著，家戶並沒有儲蓄的行為，且家戶只會提供一單位的勞動力，其收入會用於購買製造業產品以及農產品，如下式所表示：

$$p_{Ai} A_i + \int_{s=0}^{n} m_i(s) p_i(s) ds = y_i \text{，} i = 1, 2 \qquad （4.3）$$

其中，y 為要素所得，p_A 為農產品價格，$p(s)$ 表示製造業產品品項 s 的價格。

4.2.2 農業部門

農業部門是完全競爭市場，且假設在固定規模報酬下投入一單位

的非技術勞工會生產一單位的農產品，這些農產品是沒有產品差異；換言之，農產品是同質的（homogenous）。另外，假設這些農產品在區域間（內）都不需要考慮運輸成本，這使得農產品價格在兩區域是相同的，即 $p_{A1} = p_{A2} = p_A$。此外，農產品在完全競爭市場的定價為非技術勞工的農業薪資 w_i，即 $p_{Ai} = w_i$，$i = 1, 2$。因此，兩地的農業薪資也會是相同的，即 $p_{A1} = p_{A2} = w_1 = w_2 = p_A$。[1] 為了簡化後續的分析，我們假設農產品為標準化財貨，即 $p_{A1} = p_{A2} = w_1 = w_2 = 1$。

4.2.3 製造業部門

製造業部門是獨占性競爭市場。由於規模報酬遞增、消費者偏好多樣化產品品項以及製造業產品的潛在品項無限，因此沒有一家廠商會選擇生產由另一家廠商提供的相同品項。這意味著每個品項只有在一個地點由一家製造業廠商生產，因此製造業廠商的家數與製造業產品的品項數量是相同的。生產過程需要一單位的技術勞工（可以視為老闆）以及 $a_m M_i(s)$ 單位的非技術勞工，因而總成本 $TC(s)$ 包含（固定）技術勞工的薪資成本 π 以及非技術勞工的變動成本 $a_m M_i(s)$：[2]

$$TC_i(s) = \pi_i + w_i a_m M_i(s) = \pi_i + a_m M_i(s)，i = 1, 2 \qquad (4.4)$$

其中 a_m 是邊際勞工投入量，$M_i(s)$ 是品項 s 的總生產量。當製造業產品從產地運輸至另一區域的市場販售時，需考慮運輸成本。假設運輸成本為冰山（iceberg）形式（Samuelson, 1954），具體來說，運送 $\tau >$

---

1 此模型也有假設非專業化條件（non-full-specialization condition），推導過程可以參考 FC 模型，見第 3 章章末附錄 3.A.1，由於過程是相似的，所以我們這邊就留給讀者自行練習。
2 非技術勞工可以選擇在農業部門或製造業部門，其薪資在農業部門已決定，故在製造業部門同農業部門的薪資。

1 單位的產品從產地至另一區域的市場時，只剩下一單位的產品可供販售，運輸過程中損失的部分視爲運輸成本。這個假設無須另外設定運輸部門，大幅地簡化模型的設定。最後，區域 i 製造業廠商的利潤函數 $\Pi_i(s)$ 爲：

$$\Pi_i(s) = p_{ii}(s)m_{ii}(s) + p_{ij}(s)m_{ij}(s) - \pi_i - a_m(m_{ii}(s) + \tau m_{ij}(s)) \qquad (4.5)$$

其中 $p_{ii}(s)$ 是在區域 i 產地販售的價格，$p_{ij}(s)$ 是區域 i 廠商至區域 j 販售的價格，$m_{ii}(s)$ 是在區域 i 產地販售的產量，$m_{ij}(s)$ 是從區域 i 產地運輸至區域 j 販售的產量，$m_{ii}(s) + \tau m_{ij}(s) = M_i(s)$，$i, j = 1, 2$，且 $i \neq j$。

4.3 均衡

在本小節，我們將求解消費者的最適選擇。家戶的消費先選擇消費製造業產品或農產品，然後，在製造業產品中選擇某個品項的產品。求解時，採用倒推法，因此，我們先求解第二層家戶對於製造業產品每個品項的需求量，接著再計算第一層製造業產品以及農產品的需求。

每個品項的需求量是求最小化製造業產品的支出，須滿足製造業產品爲複合性財貨 M_i 的限制。因此，我們可以將這個最小化問題表達如下：

$$\min \int_{s=0}^{n} m_i(s)p_t(s)ds \quad \text{s.t.} \quad M_i = \left[\int_{s=0}^{n} m_i(s)^\rho ds \right]^{\frac{1}{\rho}} \qquad (4.6)$$

令 λ 爲拉格朗日乘數（Lagrange multiplier）。拉格朗日函數（Lagrangian function）可以寫成：

$$\int_{s=0}^{n} m_i(s)p_i(s)ds + \lambda \left\{ M_i - \left[\int_{s=0}^{n} m_i(s)^{\rho}ds \right]^{\frac{1}{\rho}} \right\} \tag{4.7}$$

接著，我們分別選取兩個品項 s_1、s_2 以及 λ 求一階導數並令其爲零，並整理 s_1 及 s_2 的一階導數得到下式：

$$m_i(s_2) = m_i(s_1) \left[\frac{p_i(s_1)}{p_i(s_2)} \right]^{\frac{1}{1-\rho}} \tag{4.8}$$

將第 (4.8) 式代入第 (4.6) 式的限制式，並進一步整理得到：

$$m_i(s_2) = \frac{p_i(s_2)^{\frac{1}{\rho-1}}}{\left[\int_{s=0}^{n} p_i(s_1)^{\frac{\rho}{\rho-1}}ds \right]^{\frac{1}{\rho}}} \cdot M_i \tag{4.9}$$

由於第 (4.9) 式對於任一品項而言均會成立，則我們可以寫成更爲一般化的形式：

$$m_i(s) = \left\{ \frac{\rho_i(s)^{\frac{1}{\rho-1}}}{\left[\int_{s=0}^{n} p_i(s)^{\frac{\rho}{\rho-1}}ds \right]^{\frac{1}{\rho}}} \right\} M_i \tag{4.10}$$

將第 (4.10) 式代入第 (4.6) 式的目標函數，可以得到：

$$\int_{s=0}^{n} m_i(s)p_i(s)ds = \left\{ \left[\int_{s=0}^{n} p_i(s)^{\frac{\rho}{\rho-1}}ds \right]^{\frac{\rho-1}{\rho}} \right\} M_i \tag{4.11}$$

我們定義物價指數 $G_i = \left[\int_{s=0}^{n} p_i(s)^{\frac{\rho}{\rho-1}}ds \right]^{\frac{\rho-1}{\rho}} = \left[\int_{s=0}^{n} p_i(s)^{1-\sigma}ds \right]^{\frac{1}{1-\sigma}}$，它是指衡量購買一單位製造業產品的最小支出。因此，我們可以進一步將

第 (4.10) 式改寫成：

$$m_i(s) = \left[\frac{p_i(s)}{G_i} \right]^{-\sigma} M_i \tag{4.12}$$

另外，第 (4.6) 式的目標函數可以改寫爲 $\int_{s=0}^{n} m_i(s) p_i(s) ds = G_i M_i$。接下來，我們可求解第一層製造業產品與農產品的效用極大化問題：

$$\max U_i = M_i^{\mu} A_i^{1-\mu} \quad \text{s.t.} \quad p_{Ai} A_i + G_i M_i = y_i \tag{4.13}$$

與求解最小化支出同樣的方法，我們可以分別得到製造業產品以及農產品的需求函數：

$$M_i = \frac{\mu y_i}{G_i} \tag{4.14}$$

$$A_i = \frac{(1-\mu) y_i}{p_{Ai}} = (1-\mu) y_i \tag{4.15}$$

將第 (4.14) 式代入第 (4.12) 式，可以得到：

$$m_i(s) = \mu y_i [p_i(s)]^{-\sigma} [G_i]^{\sigma-1} \tag{4.16}$$

在製造業廠商方面，由於製造業廠商追求利潤極大化，對第 (4.5) 式求產量 $m_{ii}(s)$ 以及 $m_{ij}(s)$ 的一階導數並令其爲零，可以得到：

$$\frac{\partial \Pi(s)}{\partial m_{ii}(s)} = p_{ii}(s) + \frac{\partial p_{ii}(s)}{\partial m_{ii}(s)} m_{ii}(s) - a_m = 0$$

$$\frac{\partial \Pi(s)}{\partial m_{ij}(s)} = p_{ij}(s) + \frac{\partial p_{ij}(s)}{\partial m_{ij}(s)} m_{ij}(s) - \tau a_m = 0$$

需注意的是上兩式對產量求導數時，須將價格對產量求偏導數。另外，將第 (4.16) 式兩邊取對數後可以得到 $\ln m_i(s) = \ln \mu + \ln y_i - \sigma \ln p_i(s) + (\sigma - 1) \ln G_i$。需注意的是，這邊有一個假設是每一家製造業廠商並沒有能力去影響區域的物價水準 G_i，因此求算需求彈性時不考慮單一品項的價格對於物價水準 G_i 的影響，即 $\frac{\partial \ln G_i}{\partial \ln p_i(s)} = 0$。接著，我們可以求解得到替代彈性，即 $\frac{\partial \ln m_i(s)}{\partial \ln p_i(s)} = \frac{\partial m_i(s)}{\partial p_i(s)} \cdot \frac{p_i(s)}{m_i(s)} = -\sigma$。我們利用這個結果代入上面兩條方程式中，得到：

$$p_{ii}(s)\left(1 - \frac{1}{\sigma}\right) = a_m \Rightarrow p_{ii}(s) = \frac{\sigma a_m}{\sigma - 1} \tag{4.17}$$

$$p_{ij}(s)\left(1 - \frac{1}{\sigma}\right) = \tau a_m \Rightarrow p_{ij}(s) = \frac{\sigma \tau a_m}{\sigma - 1} \tag{4.18}$$

接著將第 (4.17) 式以及第 (4.18) 式代入物價指數，可以得到：

$$G_1^* = \frac{\sigma a_m}{\sigma - 1}(H_1 + \phi H_2)^{\frac{1}{1 - \sigma}} \tag{4.19}$$

$$G_2^* = \frac{\sigma a_m}{\sigma - 1}(H_2 + \phi H_1)^{\frac{1}{1 - \sigma}} \tag{4.20}$$

其中，$\phi = \tau^{1 - \sigma} \in (0, 1]$ 代表貿易自由度，H_1 以及 H_2 分別是區域 1 的廠商數以及區域 2 的廠商數。以第 (4.19) 式為例，$\frac{\partial G_1}{\partial H_1} < 0$ 表示區域 1 有愈多的技術勞工時，有愈多商品在區域 1 生產以減少從區域 2 運送

商品所需負擔的運輸成本，因此區域 1 的物價指數會降低，我們稱為物價指數效果，它對於空間中經濟活動而言是一種聚集力。接著，m_{ii} 以及 m_{ij} 分別是：

$$m_{ii} = \frac{(\sigma - 1)\mu}{\sigma a_m}\left(\frac{Y_i}{H_i + \phi H_j}\right) \tag{4.21}$$

$$m_{ij} = \frac{(\sigma - 1)\mu}{\sigma a_m}\left(\frac{\tau^{-\sigma}Y_j}{H_j + \phi H_i}\right) \tag{4.22}$$

其中，Y_i 是區域 i 的總收入（或總支出），包含勞工薪資 $w_i L_i$ 以及技術勞工薪資 $\pi_i H_i$。由於製造業廠商面對獨占性競爭市場，以至於每家廠商支付的技術勞工薪資即為收入減去變動成本後的營業利潤（operating profits）。以區域 1 為例，將第 (4.17)、(4.18)、(4.21)、(4.22) 等式代入此營業利潤可得：

$$\begin{aligned} \pi_1 &= p_{11}m_{11} + p_{12}m_{12} - a_m(m_{11} + \tau m_{12}) \\ &= \frac{\mu}{\sigma}\left(\frac{Y_1}{H_1 + \phi H_2} + \frac{\phi Y_2}{H_2 + \phi H_1}\right) \end{aligned} \tag{4.23}$$

同樣地，我們可以得到區域 2 的技術勞工薪資：

$$\pi_2 = \frac{\mu}{\sigma}\left(\frac{\phi Y_1}{H_1 + \phi H_2} + \frac{Y_2}{H_2 + \phi H_1}\right)$$

接著將兩區域各自的總收入，$Y_1 = w_1 L_1 + \pi_1 H_1$ 以及 $Y_2 = w_2 L_2 + \pi_2 H_2$，代入區域 1 以及區域 2 的技術勞工薪資中。當兩區域的非技術勞工數相等時，$L_1 = L_2 = 0.5L$，解區域 1 以及區域 2 技術勞工薪資的聯立方程式會得到：

$$\pi_i^* = \frac{\left(\frac{\mu}{\sigma}\right)}{1 - \left(\frac{\mu}{\sigma}\right)} \left(\frac{L}{2}\right) \left\{ \frac{2\phi H_i + \left[1 - \left(\frac{\mu}{\sigma}\right) + \left(1 + \left(\frac{\mu}{\sigma}\right)\right)\phi^2\right] H_j}{\phi(H_i^2 + H_j^2) + \left[1 - \left(\frac{\mu}{\sigma}\right) + \left(1 + \left(\frac{\mu}{\sigma}\right)\right)\phi^2\right] H_i H_j} \right\} \quad （4.24）$$

$$i, j = 1, 2 \text{ and } i \neq j$$

定義 $h = H_1/H$，表示技術勞工在第一區的比例，則：

$$\frac{\pi_1^*}{\pi_2^*} = \frac{2\phi h + \left[1 - \frac{\mu}{\sigma} + \left(1 + \frac{\mu}{\sigma}\right)\phi^2\right](1 - h)}{2\phi(1 - h) + \left[1 - \frac{\mu}{\sigma} + \left(1 + \frac{\mu}{\sigma}\right)\phi^2\right]h} \quad （4.25）$$

將第 (4.25) 式對 h 求一次導數可得：

$$\frac{\partial(\pi_1^*/\pi_2^*)}{\partial h} = \frac{\left\{2\phi + \left[1 - \frac{\mu}{\sigma} + \left(1 + \frac{\mu}{\sigma}\right)\phi^2\right]\right\}\left\{2\phi - \left[1 - \frac{\mu}{\sigma} + \left(1 + \frac{\mu}{\sigma}\right)\phi^2\right]\right\}}{\left\{2\phi(1 - h) + \left[1 - \frac{\mu}{\sigma} + \left(1 + \frac{\mu}{\sigma}\right)\phi^2\right]h\right\}^2} \quad （4.26）$$

由第 (4.26) 式可知其正負符號決定於 $\left\{2\phi - \left[1 - \frac{\mu}{\phi} + \left(1 + \frac{\mu}{\sigma}\right)\phi^2\right]\right\}$，而此項等於 $(1 - \phi)\left[\left(1 + \frac{\mu}{\sigma}\right)\phi - \left(1 - \frac{\mu}{\sigma}\right)\right]$。因此，當 ϕ 大於（小於）

$\phi_w \equiv \dfrac{1 - \frac{\mu}{\sigma}}{1 + \frac{\mu}{\sigma}}$ 時，增加技術勞工會使技術勞工的薪資上升（下降），其

中 $\phi_w \in (0,1)$。

接著我們來說明其中兩股相反力量的抵換關係。首先說明第一股力量，給定運輸成本，技術勞工人數較多在區域 1 表示製造業廠商在區域

1 的競爭對手數量很多。給定製造業產品支出，這將降低區域 1 的價格指數，而造成每家廠商面對區域 1 的商品需求減少，這使得每位技術勞工薪資因而較低，我們稱爲市場擁擠效果（market crowding effect）。市場擁擠效果對於在空間中的經濟活動是一種分散力。接著，愈多家廠商在區域 1 也隱含於區域 1 有愈多技術勞工，這些技術勞工將會讓區域 1 的總支出較大，而每家廠商面對的商品需求也會增加，進而讓技術勞工的薪資因而較高，我們稱爲市場規模效果（market size effect）。市場規模效果對於在空間中的經濟活動是一種聚集力。至於如何決定這兩股相反力量，分散力（市場擁擠效果）以及聚集力（市場聚集效果），彼此之間相對大小，則視貿易自由度 ϕ 的大小而定。當貿易自由度高時（ϕ 較大），則市場擁擠效果比市場聚集效果強；反之，當貿易自由度低時（ϕ 較低），則市場聚集效果比市場擁擠效果強。

最後，我們將求解得到兩區域的薪資以及物價指數代入技術勞工的效用函數。技術勞工的遷移是根據比較兩區域的實質薪資來決定：

$$\omega = \mu^{\mu}(1-\mu)^{1-\mu}(\pi_1^* G_1^{*-\mu} - \pi_2^* G_2^{*-\mu}) \tag{4.27}$$

當 $\omega > 0$，表示製造業勞工在區域 1 的實質薪資高於在區域 2，因此，勞工從區域 2 遷移到區域 1；反之，當 $\omega < 0$，表示製造業勞工從區域 1 遷移到區域 2；最後，當 $\omega = 0$，表示兩區域實質薪資沒有差異，且沒有誘因遷移至另一個區域。我們繪製戰斧圖如圖 4.1，FE 模型空間分布模式：隨著運輸成本增加，技術勞工的分布由核心邊陲分布轉變爲多重均衡分布，最後再轉變爲對稱分布，與 CP 模型的結果相同。[3]我

3　在 Fujita et al.（1999）使用的是運輸成本 τ，但不影響均衡的空間分布呈現的結果。

們在圖 4.1 中，在貿易自由度為 $\phi < \phi_b$ 時，對稱分布是穩定的，一旦貿易自由度 $\phi \geq \phi_b$ 時，對稱分布則不是穩定的，因此，ϕ_b 被稱為突破點（break point）；另一方面，貿易自由度為 $\phi > \phi_s$ 時，則核心邊陲分布是穩定的，一旦貿易自由度 $\phi \leq \phi_s$ 時，核心邊陲分布則不是穩定的，因此，ϕ_s 被稱為維持點（sustain point）。在第 4.4 節，我們將分析圖 4.1 中 ϕ_b 以及 ϕ_s。

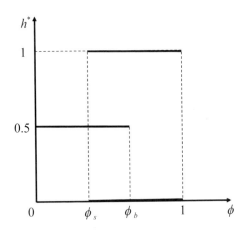

圖 4.1　FE 模型的戰斧圖

4.4 穩定性 [4]

在前面的第 3 章，由於 CP 模型物價指數、薪資方程式為非線性，在分析上較為不易，因此透過數值模擬的方式來判斷空間分布的解是不是穩定。但在本章 FE 模型的架構下，我們得以不依賴數值模擬來分析。

首先，我們來分析核心邊陲分析的穩定性。技術勞工呈現核心邊陲

4　更為嚴謹的分析，有興趣的讀者請參閱 Grandmont（2008）的討論。

分布，表示 $h = 0$ 或者 $h = 1$。核心邊陲分布的穩定條件分別爲 $\omega(0, \phi)$ < 0 或者 $\omega(1, \phi) > 0$。我們進一步將穩定條件表示如下：

$$\omega(0,\phi) = -\omega(1,\phi) = 1 - \frac{\mu}{\sigma} + \left(1 + \frac{\mu}{\sigma}\right)\phi^2 - 2\phi^{1 + \frac{\mu}{1 - \sigma}} < 0 \qquad (4.28)$$

因此，我們可以藉由 $\omega(0, \phi) = 0$ 或者 $\omega(1, \phi) = 0$，得到 ϕ_s 是滿足第 (4.29) 式的解：

$$1 - \frac{\mu}{\sigma} + \left(1 + \frac{\mu}{\sigma}\right)(\phi_s)^2 = 2(\phi_s)^{1 + \frac{\mu}{1 - \sigma}} \qquad (4.29)$$

接著，我們來分析對稱分析的穩定性。根據第 2 章的圖 2.1，當高運輸成本時，區域間實質薪資差距是負斜率的，代表對稱分布是穩定的，因此，對稱分布的穩定條件即爲 $\left.\dfrac{\partial \omega(h,\phi)}{\partial h}\right|_{h=0.5} < 0$。我們可以藉由 $\left.\dfrac{\partial \omega(h,\phi)}{\partial h}\right|_{h=0.5} = 0$ 來求解，得到突破點 ϕ_b 爲：

$$\phi_b = \left(\frac{1 - \dfrac{\mu}{\sigma}}{1 + \dfrac{\mu}{\sigma}}\right)\left(\frac{1 - \dfrac{1}{\sigma} - \dfrac{\mu}{\sigma}}{1 - \dfrac{1}{\sigma} + \dfrac{\mu}{\sigma}}\right) \qquad (4.30)$$

爲了避免 $\phi_b < 0$，非黑洞條件爲 $\mu < \sigma - 1$。

最後，當技術勞工分布偏離 $h = 0.5$ 時，最多存在兩個內部均衡解，在 $h = 0.5$ 附近左右對稱。讓我們來看以下三條方程式：

$$\omega(1/2, \phi) = 0 \text{，} \forall \phi \qquad (4.31)$$

$$\omega_h(1/2, \phi_b) = 0 \text{，} \omega_h\phi(1/2, \phi_b) > 0 \qquad (4.32)$$

$$\omega_{hh}(1/2, \phi_b) = 0 \text{，} \omega_{hhh}(1/2, \phi_b) > 0 \qquad (4.33)$$

第 (4.31) 式表示對稱分布的時候都會是穩定的，換言之，隨著運輸成本（或者是貿易自由度）改變，$\omega(h, \phi)$ 會以 $(h, \omega) = (1/2,0)$ 為中心旋轉。第 (4.32) 式代表隨著貿易自由度增加，一旦貿易自由度達到 ϕ_b 則對稱分布從穩定轉為不穩定的解。第 (4.33) 式則表示：只要穩定解 $h = 1/2$ 發生改變，額外的兩個解會出現在 $h = 1/2$ 的周圍。基於模型的對稱，以至於這額外的兩個均衡解各自出現在 $h = 1/2$ 左右兩邊，其中這兩個均衡解是不穩定的。此外，$\omega_{hhh}(1/2, \phi_b) > 0$ 隱含 $\phi_b > \phi_s$。因此，我們會得到：當運輸成本介於 ϕ_b 以及 ϕ_s 時，空間分布存在多重均衡解：核心邊陲分布以及對稱分布。

4.5 外生的區域差異

最後，我們在 FE 模型的架構下分析外生非對稱的區域結構。假設非技術勞工在兩區域是存在外生的差異，區域 1 擁有比區域 2 多的非技術勞工；具體來說，區域 1 的非技術勞工人數為 $\frac{1}{2}+\varepsilon$，而區域 2 則是 $\frac{1}{2}-\varepsilon$，其中 $\varepsilon \in \left(0, \frac{1}{2}\right)$ 為一項常數。過程與前面的計算過程雷同，我們在這節不再贅述，讀者可以試著自行推導。

在非對稱的非技術勞工人數下，戰斧圖呈現的空間分布如圖 4.2。當貿易自由度為 $\phi \in (\phi_b, \phi_{s2})$ 時，技術勞工的分布呈現完全聚集在區域 1，不同於當 $\tau \in (\phi_{s2}, 1)$ 時呈現的核心邊陲分布。這是因為區域 1 擁有比區域 2 更多的市場需求，非對稱的非技術勞工人數對於區域 1 而

言，表現出更大的市場規模效果。也因此，區域 1 爲聚集解的貿易自由度範圍延續到 ϕ_{s1}，範圍比區域 2 爲聚集解來得長。當貿易自由度爲 $\phi \in (\phi_{s1}, \phi_b)$ 時，技術勞工的分布呈現完全聚集在區域 1 或高於一半的勞工在區域 1，亦即區域 2 完全無技術勞工或低於一半的技術勞工。當貿易自由度小於 ϕ_{s1} 時，技術勞工在兩區域各占一半。

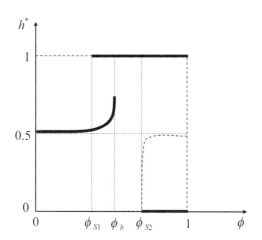

圖 4.2　外生非對稱區域的戰斧圖

4.6 聚集租（agglomeration rents）

當廠商完全聚集在區域 1 時，則存在聚集租，爲區域 1 與區域 2 的實質薪資差異：

$$\omega(1,\phi) = -\left(1+\frac{\mu}{\sigma}\right)\phi^2 + 2\phi^{1+\frac{\mu}{1-\sigma}} - \left(1-\frac{\mu}{\sigma}\right) \tag{4.34}$$

聚集租取決於貿易自由度大小，當貿易自由度 ϕ 爲 1 或貿易自由度低於維持點 ϕ_s，聚集租爲零。此外，聚集租隨著貿易自由度增加而

呈現倒 U 型的變化，即：

$$\frac{\partial \omega(1, \phi)}{\partial \phi} = \left(1 + \frac{\mu}{1-\sigma}\right) 2\phi^{\frac{\mu}{1-\sigma}} - 2\left(1 + \frac{\mu}{\sigma}\right)\phi \qquad (4.35)$$

令第（4.35）為零，聚集租的最大值在貿易自由度為 $\phi = \left[\dfrac{\sigma(\sigma - 1 + \mu)}{(\sigma + \mu)(\sigma - 1)}\right]^{\frac{\sigma - 1}{\sigma - 1 + \mu}}$ 之時。

參考文獻

Forslid, R. and Ottaviano, G. I. P. (2003). An analytically solvable core-periphery model. *Journal of Economic Geography, 3*(3), 229-240.

Fujita, M., Krugman, P. R., and Venables, A. J. (1999). *The spatial economy: Cities, regions and international trade*. The MIT Press.

Grandmont, J.-M. (2008). Nonlinear difference equations, bifurcations and chaos: An introduction. *Research in Economics, 62*(3), 122-177. https://doi.org/10.1016/j.rie.2008.06.003

Martin, P. and Rogers, C. A. (1995). Industrial location and public infrastructure. *Journal of International Economics, 39*, 335-351.

Samuelson, P. (1954). The transfer problem and transport costs, II: Analysis of effects of trade impediments. *The Economic Journal, 64*(254), 264-289.

第 5 章 ｜ 準線性模型

5.1 前言

本章我們介紹兩篇不同於前面三章架構的新經濟地理模型。首先，前面三章採用的架構爲 Dixit-Stiglitz 架構，這項架構的特色是消費者喜歡多樣性的商品、廠商對於有限的生產資源有固定的需求。多樣化的偏好表現在固定替代彈性的效用函數，這個效用函數在一組差異化產品當中是對稱的。Ottaviano et al.（2002）指出，在 Dixit-Stiglitz 架構下得到的結果與空間價格理論並不相同，空間價格理論指出價格彈性隨距離而改變，而價格隨著需求以及競爭強弱而變化。除了 Dixit-Stiglitz 架構外，前面三章假設運輸成本是冰山成本；具體來說，冰山成本是運輸成本與被運輸的商品金額成比例，Ottaviano et al.（2002）也認爲這並不符合現實，認爲運輸成本應該是與數量成比例。因此，Ottaviano et al.（2002）採用準線性二次（quasi-linear quadratic）效用函數以及線性的運輸成本。

本章所介紹的第一篇 Ottaviano et al.（2002）模型有兩項特色：第一，除了假設更貼近現實外，還有該模型能夠提供可分析解，更能夠進一步進行福利分析，這是讓新經濟地理擴展模型能夠討論的議題範疇。第二，新經濟地理的重點之一在於提供聚集力量的解析，Ottaviano et al.（2002）的效用函數設定使得收入並未對市場需求產生作用，因此，聚集力量相對於前三章的模型而言相對較弱，因而隨著運輸成本改變的空間模式也會與 Krugman（1991）、Forslid and Ottaviano（2003）模型不同，不存在多重均衡解，但聚集的出現仍是驟變性的（catastrophic）。接著，本章介紹的第二篇 Pflüger（2004）模型，採用準線性效用函數取代 Cobb-Douglas 效用函數即得到可分析解，並且隨著運輸成本降低，空間模式從穩定的對稱解到穩定的不對稱解，最後是聚集解。這項結果出現的原因是聚集力量在 Pflüger

（2004）模型中與 Krugman（1991）、Forslid and Ottaviano（2003）以及 Ottaviano et al.（2002）模型相比更弱。由於聚集的出現不是驟變性的，這項結果更好描述不同經濟體整合爲一時引發的聚集過程（降低運輸成本）（Pflüger, 2004）。本章分成兩大部分，分別是 Ottaviano et al.（2002）模型以及 Pflüger（2004）模型。以下將依序介紹模型設定、均衡以及空間分布的模式。

5.2 Ottaviano, Tabuchi, and Thisse（2002）模型

5.2.1 模型設定

在一個經濟體中，有兩個同質的區域，$i = 1, 2$，且有兩個部門，分別是獨占性競爭的製造業部門以及完全競爭的農業部門。生產要素有 H 單位的技術勞工（skilled workers）以及 L 單位的非技術勞工（unskilled workers）。技術勞工能夠在區域間自由移動，非技術勞工 $L = L_1 + L_2$ 則無法在區域間自由移動，但能夠在製造業與農業間自由轉換工作。

1. 家戶

每位家戶的效用函數假設是準線性二次（quasi-linear quadratic）效用函數：

$$U_i = A_i + \alpha \int_0^n m_i(s)ds - \frac{\beta - \gamma}{2} \int_0^n [m_i(s)]^2\, ds - \frac{\gamma}{2} \left[\int_0^n m_i(s)ds \right]^2 \quad (5.1)$$
$$i = 1, 2$$

其中 A 爲農產品（爲標準化財貨），$m(s)$ 表示製造業產品品項 s 的消費量，$s \in [0, n]$ 是連續的，$\alpha > 0$ 表示對於製造業產品的偏好程度，$\beta > \gamma > 0$ 表示消費者喜歡更多樣化的消費，且給定 β 時，γ 可以解釋爲

任兩產品彼此間的替代性。接著，家戶並沒有儲蓄的行為，且家戶只會提供一單位的勞動力，其收入會用於購買製造業產品以及農產品，如下所示：

$$A_i + \int_0^n m_i(s)p_i(s)ds = y_i + A_0 \text{，} i = 1, 2 \qquad (5.2)$$

其中，y 為要素所得，農產品價格標準化為 1，$p(s)$ 表示製造業產品品項 s 的價格，最後 A_0 表示家戶持有足夠多的初始稟賦（initial endowment）：換言之，每個家戶在均衡時都會有正的標準財貨需求量。

2. 農業部門

農業部門是完全競爭市場，且假設在固定規模報酬下，投入一單位的勞工會生產一單位的農產品，這些農產品是沒有產品差異：換言之，農產品是同質的（homogenous）。最後，我們假設這些農產品在區域間（內）運送都不需要考慮運輸成本，這使得農產品價格在兩區域是相同的，即 $p_{A1} = p_{A2} = p_A$。另外，農產品在完全競爭市場的定價為勞工的農業薪資 w_i，即 $p_{Ai} = w_i$，$i = 1, 2$。也因此，兩地的農業薪資也會是相同的，即 $p_{A1} = p_{A2} = w_1 = w_2 = p_A$。為了簡化後續的分析，我們假設農產品為標準化財貨，即 $p_{A1} = p_{A2} = w_1 = w_2 = 1$。

3. 製造業部門

製造業部門是獨占性競爭市場。由於規模報酬遞增、消費者偏好多樣化品項以及製造業產品的潛在品項數量無限，因此沒有一家廠商會選擇生產與另一家相同品項的產品，且每一家廠商只生產一項產品，所以製造業廠商的數量與製造業產品的品項數量是相同的，生產過程每一家需要 F 單位的技術勞工（skilled workers）。此外，製造業廠商的邊

際成本為零，這項簡化的假設在產業組織理論的模型中經常被使用。因此，區域 1 與區域 2 的廠商數分別是：

$$n_1 = h\frac{H}{F} = hn \qquad (5.3)$$

$$n_2 = (1-h)\frac{H}{F} = (1-h)n \qquad (5.4)$$

其中，$h \in [0,1]$ 是區域 1 的技術勞工比例且 $n = H/F$。當製造業產品從產地運輸至另一區域的市場販售時，需考慮運輸成本。假設每單位貨品的運輸成本為 τ。最後，區域 1 製造業廠商 s 的利潤函數 Π_1 為：

$$\Pi_1 = p_{11}m_{11}(L_1 + hH) + (p_{12} - \tau)m_{12}[L_2 + (1-h)H] - F\pi_1 \qquad (5.5)$$

其中 π_1 為技術勞工的薪資。

5.2.2 模型均衡

首先，我們求解消費者的最適選擇，若讀者不熟悉準線性（quasi-linear）效用函數形式求解效用極大化問題，可參考章末附錄 5.A.1 中一些簡單的函數形式。消費者最適選擇問題的處理如下：

先將第 (5.2) 式的左側第二項移至右側，再將右側各項代入第 (5.1) 式中的 A_i，則此問題已無限制式，接著將所得到的第 (5.1) 式對 $m_i(s)$ 求一次導數並令其為零，可得一階條件：

$$\alpha - (\beta - \gamma)\,m_i(s) - \gamma \int_0^n m_i(s)ds = p_i(s) \qquad (5.6)$$

接著，為求解製造業產品的需求函數，我們需要將第 (5.6) 式當中 $\int_0^n m_i(s)ds$ 改寫為價格的函數，因此，

$$\int_0^n \alpha ds - (\beta - \gamma)\int_0^n m_i(s)\,ds - \gamma n \int_0^n m_i(s)\,ds = \int_0^n p_i(s)\,ds$$

$$\Rightarrow (\beta - \gamma + \gamma n)\int_0^n m_i(s)\,ds = n\alpha + \int_0^n p_i(s)\,ds$$

$$\Rightarrow \int_0^n m_i(s)\,ds = \frac{n\alpha}{\beta + \gamma(n-1)} - \frac{1}{\beta + \gamma(n-1)}\int_0^n p_i(s)\,ds \qquad (5.7)$$

再將第 (5.7) 式代入第 (5.6) 式可得：

$$\alpha - (\beta - \gamma)m_i(s) - \gamma\left[\frac{n\alpha}{\beta + \gamma(n-1)} - \frac{1}{\beta + \gamma(n-1)}\int_0^n p_i(s)ds\right] = p_i(s)$$

$$m_i(s) = \frac{\alpha[\beta + \gamma(n-1)] - n\alpha\gamma}{(\beta - \gamma)[\beta + \gamma(n-1)]} - \frac{p_i(s)}{\beta - \gamma} + \frac{\gamma\int_0^n p_i(s)\,ds}{(\beta - \gamma)[\beta + \gamma(n-1)]}$$

$$m_i(s) = \frac{\alpha}{\beta + \gamma(n-1)} - \frac{p_i(s)}{\beta - \gamma} + \frac{\gamma\int_0^n p_i(s)\,ds}{(\beta - \gamma)[\beta + \gamma(n-1)]}$$

令 $\int_0^n p_i(s)\,ds = \mathbb{P}_i$ ， $a = \dfrac{\alpha}{\beta + \gamma(n-1)}$ ， $c = \dfrac{\gamma}{(\beta - \gamma)[\beta + \gamma(n-1)]}$ ，則 $c = \left(\dfrac{a}{\alpha}\right)\left(\dfrac{\gamma}{\beta - \gamma}\right) = b\left(\dfrac{\gamma}{\beta - \gamma}\right)$，其中$b = \left(\dfrac{a}{\alpha}\right)$。另外， $\dfrac{1}{\beta - \gamma} = b + cn$。[1] 故我們得到製造業產品的需求函數：

$$m_i(s) = a - (b + cn)p_i(s) + c\mathbb{P}_i，i = 1, 2 \qquad (5.8)$$

---

1 $\dfrac{1}{\beta - \gamma} = \left(\dfrac{a}{\alpha}\right)\left(\dfrac{\alpha}{a}\right)\left(\dfrac{1}{\beta - \gamma}\right) = b\left[\dfrac{\frac{\alpha}{a}}{\frac{\alpha}{\beta + \gamma(n-1)}}\right]\left(\dfrac{1}{\beta - \gamma}\right) = b\left(\dfrac{\beta + \gamma(n-1)}{\beta - \gamma}\right) = b\left(1 + \dfrac{\gamma n}{\beta - \gamma}\right) = b + b\dfrac{\gamma n}{\beta - \gamma} = b + cn$。

另外，我們也得到農產品的需求為 $A_i = y_i + A_0 - \int_0^n m_i(s)\,p_i(s)\,ds$。區域 1 廠商向區域 1 出售產品的價格為 p_{11}，而向區域 2 出售產品的價格則為 p_{12}。而區域 2 的廠商向兩區域出售產品的價格分別是 p_{21} 與 p_{22}。因此，可以進一步得到兩區域的物價指數是：

$$\mathbb{P}_1 = n_1 p_{11} + n_2 p_{21} \ , \ \mathbb{P}_2 = n_2 p_{22} + n_1 p_{12} \qquad (5.9)$$

接著，求解區域 1 與區域 2 廠商的最適定價。我們先將需求函數與物價指數代入利潤函數並改寫，以區域 1 的廠商為例：

$$\begin{aligned}
\Pi_1 = {} & p_{11}(a - (b + cn)p_{11} + c\,\mathbb{P}_1)(L_1 + hH) \\
& + (p_{12} - \tau)(a - (b + cn)p_{12} + c\mathbb{P}_2)[L_2 + (1 - h)H] \qquad (5.10) \\
& - F\pi_1
\end{aligned}$$

對 p_{11}、p_{12} 取一次導數，須注意廠商定價時仍將 $\mathbb{P}$ 視為給定：

$$\frac{\partial \Pi_1}{\partial p_{11}} = (a - 2(b+cn)p_{11} + c\mathbb{P}_1)(L_1 + hH) = 0 \qquad (5.11)$$

$$\frac{\partial \Pi_1}{\partial p_{12}} = (a - 2(b+cn)p_{12} + c\mathbb{P}_2 + (b+cn)\tau)[L_2 + (1-h)H] = 0 \qquad (5.12)$$

整理得到：

$$p_{11} = \frac{a + c\mathbb{P}_1}{2(b+cn)} \ , \ p_{12} = \frac{a + c\mathbb{P}_2}{2(b+cn)} + \frac{\tau}{2} \qquad (5.13)$$

採類似的步驟可得區域 2 廠商的定價為：

$$p_{22} = \frac{\alpha + c\mathbb{P}_2}{2(b+cn)} \ , \ p_{21} = \frac{\alpha + c\mathbb{P}_1}{2(b+cn)} + \frac{\tau}{2} \qquad (5.14)$$

將第 (5.13) 式與第 (5.14) 式代入第 (5.9) 式可得：

$$\begin{cases} \mathbb{P}_1 = hn\dfrac{a+c\mathbb{P}_1}{2(b+cn)} + (1-h)\,n\left(p_{22}+\dfrac{\tau}{2}\right) \\[3mm] \mathbb{P}_2 = (1-h)\,n\dfrac{a+c\mathbb{P}_2}{2(b+cn)} + hn\left(p_{11}+\dfrac{\tau}{2}\right) \end{cases} \qquad (5.15)$$

將第 (5.15) 式聯立求解後得到價格分別是：

$$p_{11}^* = \frac{2a+\tau c(1-h)n}{2(2b+cn)} \ , \ p_{22}^* = \frac{2a+\tau chn}{2(2b+cn)} \ , \ p_{12} = p_{11}^* + \frac{\tau}{2} \ , \ p_{21} = p_{22}^* + \frac{\tau}{2} \quad (5.16)$$

從第 (5.16) 式可知，廠商的價格會受到廠商空間分布的影響。以 p_{11}^* 為例，$\dfrac{\partial p_{11}^*}{\partial h} = -\dfrac{\tau cn}{2(2b+cn)} < 0$，表示廠商在區域 1 的比例增加時，反映著區域 1 內的廠商數量增加而帶來的競爭壓力，廠商的價格將會下降。這項結果與 CP 模型中廠商的價格特徵不同，在 CP 模型中，廠商的價格與廠商的空間分布無關，只有物價指數才會受廠商的空間分布影響。此外，廠商會根據出廠地點而有不同的定價，廠商運送產品至另一區域的價格比廠商所在區域多一半的運費。另外，由於廠商須負擔運輸成本，因此出售產品至另一區域的售價不能低於運輸成本，$p_{ij}^* - \tau > 0$，此條件可以求解得到：

$$\tau < \frac{2a}{2b+c(1-h_j)n} \qquad (5.17)$$

其中 $h_j[0,1]$ 是廠商在區域 j 的比例。為了確保兩區域能夠貿易，我們取 $h_j = 0$ 代入第 (5.17) 式，並定義貿易門檻上限 τ_{trade}，即為：

$$\tau < \tau_{\text{trade}} = \frac{2a}{2b + cn} = \frac{2aF}{2bF + cH} \tag{5.18}$$

因此，假設在模型中第 (5.18) 式成立，則根據獨占性競爭廠商利潤為零的條件，可以得到各自區域技術勞工的薪資為：

$$\pi_1 = \frac{b + cn}{F}\{(p_{11}^*)^2(L_1 + hH) + (p_{12}^* - \tau)^2[L_2 + (1 - h)H]\} \tag{5.19}$$

$$\pi_2 = \frac{b + cn}{F}\{(p_{22}^*)^2[L_2 + (1 - h)H] + (p_{21}^* - \tau)^2(L_1 + hH)\} \tag{5.20}$$

最後，我們需要使用上述的結果（需求函數、物價指數、技術勞工薪資）代入第 (5.1) 式，求解技術勞工的間接效用函數，[2] 將兩區域的間接效用函數相減得到：

$$V_1(h) - V_2(h) = \Theta(\tau^* - \tau)\,\tau\,(h - 0.5) \tag{5.21}$$

其中 $\Theta = \dfrac{(b + c)\{H[6b(b + c) + c^2] + c(2b + c)L\}}{2(2b + c)^2} > 0$ 且

$\tau^* = \dfrac{4H(3b - 2c)a}{H[6b(b + c) + c^2] + c(2b + c)L} > 0$。

5.2.3 空間分布與穩定性

從第 (5.21) 式來看，對稱解 $h^* = 0.5$，是一個解。但是，這個對稱

2　由於計算過程繁雜，我們盡可能地提供給讀者比較關鍵的過程，見章末附錄 5.A.2。

解是不是穩定呢？則需進一步討論 $\tau^* - \tau$ 的大小。當 $\tau^* - \tau > 0$ 時，若 $(h - 0.5)$ 為正，則第 (6.21) 式為正，亦即在區域 1 的技術勞工比例多於 0.5 的時候，技術勞工會遷移至區域 1；若 $(h - 0.5)$ 為負時，則第 (6.21) 式為負，亦即在區域 1 的技術勞工比例少於 0.5 的時候，技術勞工會遷移至區域 2。換言之，對稱解此時不是穩定解，而聚集解（$h^* = 1$ 或 $h^* = 0$）才是穩定解；反之，當 $\tau^* - \tau < 0$ 時，若 $(h - 0.5)$ 為正，則第 (6.21) 式為負，表示區域 1 的薪資比區域 2 來得低，因此，技術勞工會遷移至區域 2，技術勞工會回到對稱分布；若 $(h - 0.5)$ 為負，則第 (6.21) 式為正，表示區域 1 的薪資高於區域 2，因此，技術勞工會遷移至區域 1，技術勞工會回到對稱分布，換言之，此時對稱解是穩定的。此外，當 $\tau = \tau^*$，貿易成本無法決定空間分布，具體來說，即使 $(h - 0.5)$ 愈大，區域 1 與區域 2 並沒有間接效用的差異。因此，對於技術勞工的空間分布而言，τ^* 是 break point，也同時是 sustain point。這結果與 Krugman（1991）不同，因為技術勞工同時為聚集解或對稱解的多重均衡是不存在的。

接著，我們將貿易門檻納入討論。當 $\tau < \tau_{\text{trade}} < \tau^*$，那麼對稱解總是不穩定的，只有聚集解才是穩定的解。為了避免只有聚集解是穩定解的情況發生，我們需要非黑洞條件，即為 $\tau_{\text{trade}} > \tau^*$，然後可以進一步整理為：

$$\frac{4H(3b - 2c)a}{H[6b(b+c)+c^2]+c(2b+c)L} > \frac{2a}{2b+c}$$

$$\Rightarrow \frac{c(2b+c)L}{H} + c^2 + 6b(b+c) > 2(3b+2c)(2b+c)$$

$$\Rightarrow \frac{L}{H} > \frac{6b^2 + 8bc + 3c^2}{c(2b+c)} \tag{5.22}$$

其中 $\dfrac{6b^2 + 8bc + 3c^2}{c(2b+c)} > \dfrac{6bc + 3c^2}{c(2b+c)} = 3$。因此，我們統整結果如下：

1. 當 $\tau < \tau_{\text{trade}} < \tau^*$，或者 $\tau_{\text{trade}} > \tau^* > \tau$，技術勞工的聚集解總是穩定解。

2. 當 $\tau_{\text{trade}} > \tau > \tau^*$，為對稱解，$h^* = 0.5$ 是唯一的穩定解。

3. 當 $\tau_{\text{trade}} > \tau = \tau^*$，貿易成本無法決定空間分布。

　　最後，我們可以將戰斧圖繪製如圖 5.1。

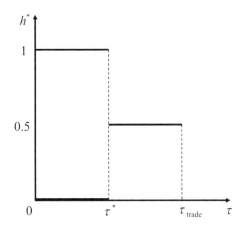

圖 5.1　Ottaviano et al.（2002）模型的戰斧圖

5.3 Pflüger（2004）模型

　　本節介紹另一種準線性（quasi-linear）的經濟地理模型：Pflüger（2004）模型。我們可以將他的模型視為採用準線性效用函數的 FE 模型。具體來說，除了效用函數以外，其他有關於兩區域資源稟賦（技術與非技術勞工）、商品（製造業與農業）以及廠商生產行為的設定與 FE 模型都是相同的。因此，我們將精要地介紹模型設定。須注意的是，他的模型雖然僅改變效用函數的設定，但他得到了與 FE 模型不同的結果。

5.3.1 模型設定

在一個經濟體中，有兩個同質的區域，$i = 1, 2$，且有兩個部門，分別是獨占性競爭的製造業部門以及完全競爭的農業部門。生產要素共有 H 位技術勞工以及 $2L$ 位非技術勞工。假設區域 i 有 H_i 位技術勞工，並且有 L 位非技術勞工。技術勞工能夠在區域間自由移動，非技術勞工無法在區域間自由移動，但能夠在製造業與農業間自由轉換工作。

1. 家戶

每位家戶的效用函數假設是準線性（quasi-linear）函數：

$$U_i = A_i + \mu \ln M_i，i = 1, 2 \tag{5.23}$$

其中，M 為製造業商品，A 為農產品，$\mu > 0$ 為一固定常數，$M_i = \left[\int_{s=0}^{n} m_i(s)^\rho ds \right]^{\frac{1}{\rho}}$，$m(s)$ 表示製造業產品品項 s 的消費量，$s \in [0,n]$，$0 < \rho < 1$ 代表家戶對於每個製造業產品品項的偏好程度，而 $\sigma = \frac{1}{1-\rho} > 1$ 代表任意兩個製造業產品品項的替代彈性。接著，家戶並沒有儲蓄的行為，且每個家戶只會提供一單位的勞動力，其收入用於購買製造業產品以及農產品，如下式所示：

$$p_{Ai} A_i + \int_{s=0}^{n} m_i(s) p_i(s) ds = y_i，i = 1, 2 \tag{5.24}$$

另外，我們假設 $y_i > \mu$。透過求解效用極大化問題，可以得到製造業商品以及農產品的需求函數分別為：

$$M_i = \frac{\mu}{G_i}，A_i = y_i - \mu，i = 1, 2 \tag{5.25}$$

其中 G_i 為物價指數。

2. 農業部門

農業部門是完全競爭市場，且假設在固定規模報酬下投入一單位的勞工會生產一單位的農產品，這些農產品是沒有產品差異；換言之，農產品是同質的（homogenous）。因此，兩地的農產品價格與農業薪資也會是相同的，即 $p_{A1} = p_{A2} = w_1 = w_2 = p_A$。為了簡化後續的分析，我們假設農產品為標準化財貨，即 $p_{A1} = p_{A2} = w_1 = w_2 = 1$。

3. 製造業部門

製造業部門是獨占性競爭市場。由於規模報酬遞增、消費者偏好多樣化品項以及製造業產品的潛在品項數量無限，因此沒有一家公司會選擇生產由另一家公司提供的相同品種。這意味著每個品項只在一個地點由一家製造業廠商生產，因此製造業廠商的數量與製造業產品的品項數量是相同的。生產過程需要一單位的技術勞工（可以視為老闆）以及 $a_m M_i(s)$ 單位的非技術勞工，而總成本 $TC(s)$ 包含（固定）資本租金成本 π 以及變動成本 $w_i a_m M_i(s)$：

$$TC_i(s) = \pi_i + w_i a_m M_i(s) = \pi_i + a_m M_i(s)，i = 1, 2 \qquad （5.26）$$

其中 a_m 是生產一單位產品的非技術勞工投入量，$M_i(s)$ 是品項 s 的總生產量。當製造業產品從產地運輸至另一區域的市場販售時，需考慮運輸成本。假設運輸成本為冰山（iceberg）形式（Samuelson, 1954），其中冰山成本意味著 $\tau > 1$ 單位的產品從產地運輸至另一區域的市場時，只剩下一單位的產品可供販售，運輸過程中損失的部分視為運輸成本。這個假設無須另外設定運輸部門，大幅地簡化模型的設定。最後，製造業廠商的利潤函數 $\Pi_i(s)$ 為：

$$\Pi_i(s) = p_{ii}(s)m_{ii}(s) + p_{ij}(s)m_{ij}(s) - \pi_i - a_m(m_{ii}(s) + \tau m_{ij}(s)) \quad (5.27)$$

其中 $p_{ii}(s)$ 是在區域 i 產地販售的價格，$p_{ij}(s)$ 是區域 i 廠商至區域 j 販售的價格，$m_{ii}(s)$ 是在區域 i 產地販售的產量，$m_{ij}(s)$ 是從區域 i 產地運輸至區域 j 販售的產量，$m_{ii}(s) + \tau m_{ij}(s) = M_i(s)$，$i, j = 1, 2$，且 $i \neq j$。

5.3.2 模型均衡以及空間分布的穩定性

均衡求解的過程與之前所介紹的 FE 模型相當類似，以下僅列示結果，定價 $p_{ii} = \frac{a_m \sigma}{\sigma - 1}$，並令 $p_{ii} = 1$，則區域 i 的物價指數、品項 s、均衡數量 M_i^*、區域 1 與區域 2 的薪資為：

$$G_i = (H_i + \phi H_j)^{\frac{1}{1-\sigma}} \quad (5.28)$$

$$M_i^* = \frac{\mu(L + H_i)}{H_i + \phi H_j} + \frac{\phi \mu(L + H_j)}{\phi H_i + H_j} \quad (5.29)$$

$$\pi_1 = \frac{\mu}{\sigma}\left[\frac{\eta + h}{h + \phi(1 - h)} + \frac{\phi(\eta + 1 - h)}{\phi h + 1 - h}\right] \quad (5.30)$$

$$\pi_2 = \frac{\mu}{\sigma}\left[\frac{\phi(\eta + h)}{h + \phi(1 - h)} + \frac{\eta + 1 - h}{\phi h + 1 - h}\right] \quad (5.31)$$

其中，$\eta = L/(H_1 + H_2)$，$h = H_1/(H_1 + H_2)$ 為技術勞工在區域 1 的比例，$\phi = \tau^{1-\sigma} \in (0,1)$ 為貿易自由度。兩區域的效用差距：

$$\Delta V = (\pi_1 - \mu \ln G_1) - (\pi_2 - \mu \ln G_2)$$

$$= \frac{\mu(1 - \phi)}{\sigma}\left[\frac{\eta + h}{h + \phi(1 - h)} - \frac{\eta + (1 - h)}{\phi h + (1 - h)}\right] + \frac{\mu}{\sigma - 1}\ln\frac{h + \phi(1 - h)}{\phi h + (1 - h)} \quad (5.32)$$

第 (5.32) 式第一項是技術勞工的薪資差異，代表透過薪資影響區位

選擇：第二項則是物價指數（對數）的差異，表示透過生活成本影響區
位選擇。同樣地，當 $\Delta V > 0$，表示製造業勞工從區域 2 遷移到區域 1；
當 $\Delta V < 0$，表示製造業勞工從區域 1 遷移到區域 2；最後，當 $\Delta V = 0$，
表示製造業勞工在兩區域效用相等。從第 (5.32) 式可以得知，聚集解為
$h = 0$ 或者 $h = 1$ 以及對稱解為 $h = 0.5$。

　　以下分析聚集解與對稱解的穩定性。首先，分析核心邊陲分布的穩
定性。技術勞工呈現核心邊陲分布，表示 $h = 0$ 或者 $h = 1$。核心邊陲
分布的穩定條件分別為 $\Delta V(0,\phi) < 0$ 或者 $\Delta V(1,\phi) > 0$。穩定條件表示
如下：

$$\Delta V(0,\phi) = -\Delta V(1,\phi) = \frac{\mu(1-\phi)}{\sigma}\left[\frac{\eta}{\phi} - 1 - \eta\right] + \frac{\mu}{\sigma-1}\ln\phi < 0 \qquad （5.33）$$

　　因此，我們可以藉由 $\Delta V(0,\tau) = 0$ 或者 $\Delta V(1,\tau) = 0$ 得到 ϕ_s 是第
(5.34) 式的解：

$$\frac{(1-\phi_s)}{\sigma}\left[\frac{\eta}{\phi_s} - 1 - \eta\right] + \frac{1}{\sigma-1}\ln\phi_s = 0 \qquad （5.34）$$

　　當 ϕ 大於 ϕ_s 時，第 (5.33) 式為負，表示 $h = 0$ 或者 $h = 1$ 為穩定解，
亦即技術勞工呈現核心邊陲分布。

　　接著，我們來分析對稱分布的穩定性。在低貿易自由度時，若區域
間實質薪資差距是負斜率，則代表對稱分布是穩定的，因此，對稱分布
的穩定條件即為 $\left.\frac{\partial \Delta V(h,\phi)}{\partial h}\right|_{h=0.5} < 0$。我們可以藉由 $\left.\frac{\partial \Delta V(h,\phi)}{\partial h}\right|_{h=0.5} = 0$ 來
求解得到突破點 ϕ_b 為：

$$\phi_b = \frac{\sigma(2\eta - 1) - 2\eta}{2\eta(\sigma - 1) + 3\sigma - 2} \qquad (5.35)$$

這裡的非黑洞條件為 $2\eta > \sigma/(\sigma - 1)$，[3] 為避免僅有聚集解，假設非黑洞條件成立。

與 FE 模型不同的是，透過第 (5.32) 式以及 $\left.\dfrac{\partial \Delta V(h,\phi)}{\partial h}\right|_{h=0.5} = 0$ 得到：

$$\frac{\partial^2 \Delta V(0.5,\phi_b)}{\partial h^2} = 0 \ , \ \frac{\partial^3 \Delta V(0.5,\phi_b)}{\partial h^3} = -\frac{64\mu(2\sigma - 1)}{(2\eta + 1)^3(\sigma - 1)^4} < 0 \qquad (5.36)$$

第 (5.36) 式意涵表示，隨著貿易自由度增加，技術勞工的分布從穩定的對稱解漸漸地轉變為穩定的不對稱解，最後轉變為聚集解。因此，在這個模型，聚集解的發生不是驟變的（catastrophic），而是逐漸改變的，如圖 5.2 所示。這項結果反映著聚集力量較 FE 模型以及 Ottaviano et al.（2003）模型來得弱，因為本模型的收入沒有反映在消費上。

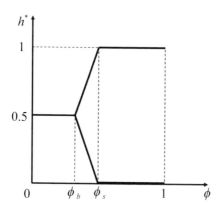

圖 5.2　Pflüger（2004）模型的戰斧圖

3　非黑洞條件為 $\phi_b > 0$，推導如下：由於分母 $2\eta(\sigma - 1) + 3\sigma - 2 > 0$，則 $\phi_b > 0$ 可以改寫為 $\sigma(2\eta - 1) - 2\eta > 0$，所以非黑洞條件為 $2\eta > \sigma/(\sigma - 1)$。

5.A 附錄

5.A.1 準線性（Quasi-linear）效用函數的一些性質

　　在 5.A.1 小節，我們將會分別透過簡單的例子來介紹準線性效用函數的一些性質。另外，據我們所知，Amir, Erickson, and Jin（2017）提供深入的分析及討論，讀者若有興趣可以進一步瞭解。

1. 準線性效用（Quasi-linear utility）基本形式

　　首先，我們先以兩項商品為例。消費者面對兩種商品，分別是產品 $x > 0$ 及產品 $a \geq 0$。我們令產品 $\bar{a}$ 為計價商品（numéraire good），假設消費者的效用函數為：

$$U = a + \ln x \qquad （5.A.1）$$

　　消費者的所得 $y > 0$ 分別用於產品 x 以及產品 a，其中產品 x 的價格每單位為 $p_x > 0$，產品 a 的價格每單位為 $p_a = 1 > 0$。具體來說，預算限制式為 $y = p_x x + a$ 或者是 $a = y - p_x x$。將預算限制式代入效用函數：

$$\max_x \mathcal{L} = y - p_x x + \ln x \qquad （5.A.2）$$

　　一階條件可以得到：

$$\frac{\partial \mathcal{L}}{\partial x} = \frac{1}{x} - p_x = 0 \ , \ \frac{\partial^2 \mathcal{L}}{\partial x^2} = -\frac{1}{x^2} < 0 \qquad （5.A.3）$$

　　因此，我們可以得到產品 x 的（反）需求函數為：

$$p_x = \frac{1}{x} = p_x(x) \tag{5.A.4}$$

由第 (5.A.4) 式可以得到一項重要的結果，即所得 y 並未在需求函數當中。

性質 1：假設消費者的效用函數是準線性（quasi-linear），所得不影響產品需求。

具體來說，在準線性效用函數的假設下，即使所得增加，消費者的產品需求也不會有變化，只會受到商品的價格影響。我們在接下來的其他例子，也會支持這項結果。

2. 準線性二次效用（Quasi-linear quadratic utility）

以下我們介紹一個三種產品的範例。消費者面對三種商品，分別是製造業產品 $x_1 \geq 0$、製造業產品 $x_2 \geq 0$ 以及產品 $\bar{a} \geq 0$ 。我們一樣令產品 $\bar{a}$ 爲計價商品（numéraire good），此外，產品 x_1 以及 x_2 是由兩家獨占性競爭廠商生產的異質性產品，兩項產品之間存在替代或者是互補之間的關係，在這裡我們不進一步設定廠商行爲。爲了捕捉這兩項差異化產品之間的關係，假設效用函數爲：

$$U = \bar{a} + \alpha(x_1 + x_2) - \frac{1}{2}(\beta x_1^2 + 2\gamma x_1 x_2 + \beta x_2^2) \tag{5.A.5}$$

其中，$\alpha > 0$，$\beta > |\gamma| \geq 0$。預算限制式則是 $y = p_1 x_1 + p_2 x_2 + \bar{a}$，或者 $\bar{a} = y - p_1 x_1 + p_2 x_2$，將預算限制式代入效用函數得到：

$$\max_{\{x_1, x_2\}} \mathcal{L} = y - p_1 x_1 + p_2 x_2 + \alpha(x_1 + x_2) - \frac{1}{2}(\beta x_1^2 + 2\gamma x_1 x_2 + \beta x_2^2) \tag{5.A.6}$$

一階條件分別是：

$$\frac{\partial \mathcal{L}}{\partial x_1} = \alpha - \beta x_1 - \gamma x_2 - p_1 = 0 \qquad (5.A.7)$$

$$\frac{\partial \mathcal{L}}{\partial x_2} = \alpha - \beta x_2 - \gamma x_1 - p_2 = 0 \qquad (5.A.8)$$

二階條件分別為：

$$\frac{\partial^2 \mathcal{L}}{\partial x_1^2} = -\beta < 0 \ , \ \frac{\partial^2 \mathcal{L}}{\partial x_2^2} = -\beta < 0 \qquad (5.A.9)$$

因此，我們可以得到各自的（反）需求函數為：

$$p_1 = \alpha - \beta x_1 - \gamma x_2 \ , \ p_2 = \alpha - \beta x_2 - \gamma x_1 \ , \ p_{\bar{a}} = 1 \qquad (5.A.10)$$

又可以進一步改寫產品 x_1 以及產品 x_2 的需求函數：

$$x_1 = \frac{\alpha}{\beta + \gamma} - \frac{\beta}{\beta^2 - \gamma^2} p_1 + \frac{\gamma}{\beta^2 - \gamma^2} p_2 \qquad (5.A.11)$$

$$x_2 = \frac{\alpha}{\beta + \gamma} + \frac{\beta}{\beta^2 - \gamma^2} p_1 - \frac{\gamma}{\beta^2 - \gamma^2} p_2 \qquad (5.A.12)$$

　　在這兩個需求函數中，α 可以看作是製造業的需求參數無關於是哪一種製造業產品。另外，產品 x_1 以及產品 x_2 彼此是替代品、獨立品或者是互補品，取決於 β 以及 γ 之間的大小關係。以產品 x_1 為例，將 x_1 對 p_2 進行一次導數可以得到以下結果：

$$\frac{\partial x_1}{\partial p_2} = \frac{\gamma}{\beta^2 - \gamma^2} \qquad (5.A.13)$$

若 $\beta > \gamma > 0$，$\frac{\partial x_1}{\partial p_2} > 0$，代表兩產品是替代品；若 $\gamma < 0$ 且 $\beta > |\gamma|$，

$\frac{\partial x_1}{\partial p_2} < 0$，代表兩產品是互補品；最後，若 $\gamma = 0$，$\frac{\partial x_1}{\partial p_2} = 0$，表示兩產品

是獨立品。因此，我們可以整理得到以下的性質。

性質 2：假設消費者的效用函數是**準線性**二次形式（quasi-linear quadratic form），消費者面對兩項差異化產品，其中參數 $\beta > |\gamma| \geq 0$ 是描述兩項產品之間的關係。當 $\beta > \gamma > 0$，則兩項產品是替代品；當 $\gamma < 0$ 且 $\beta > |\gamma|$，則兩項產品是互補品；最後，當 $\gamma = 0$，則兩項產品是獨立品。

5.A.2 推導間接效用函數之差距

我們分為以下兩個步驟：第一為推導間接效用函數、第二為推導間接效用函數之差距。

步驟 1：推導間接效用函數

我們需要將第 (5.8) 式的需求函數代入第 (5.1) 式的效用函數中。針對第 (5.1) 式，我們需個別計算各部分的內容：

$$U_i = \underbrace{A_i}_{\text{第一部分}} + \alpha \underbrace{\int_0^n m_i(s)ds}_{\text{第二部分}} + \frac{\beta - \gamma}{2} \underbrace{\int_0^n [m_i(s)]^2 ds}_{\text{第三部分}} - \frac{\gamma}{2} \underbrace{\left[\int_0^n m_i(s)ds\right]^2}_{\text{第四部分}}$$

第一部分為 $A_i = \pi_i + A_0 - \int_0^n m_i(s)p_i(s)ds$。接著，求第二部分。對第 (5.10) 式兩邊取積分，得到：

$$\int_0^n m_i(s)ds = \int_0^n a\,ds - \int_0^n (b+cn)\,p_i(s)\,ds + \int_0^n c\mathbb{P}_i ds$$

$$= an - (b+cn)\mathbb{P}_i + nc\mathbb{P}_i = an - b\mathbb{P}_i$$

接著，兩邊取二次方可以得到第四部分：

$$\left[\int_0^n m_i(s)\,ds\right]^2 = (an)^2 - 2anb\mathbb{P}_i + (b\mathbb{P}_i)^2$$

第三部分則是：

$$\int_0^n [m_i(s)]^2 ds = \int_0^n [a - (b+cn)p_i(s) + c\mathbb{P}_i]^2\,ds$$

$$= n(a+c\mathbb{P}_i)^2 - 2(a+c\mathbb{P}_i)(b+cn)\mathbb{P}_i + (b+cn)^2\int_0^n [p_i(s)]^2 ds$$

$$= (a+c\mathbb{P}_i)[n(a+c\mathbb{P}_i) - 2(b+cn)\mathbb{P}_i] + (b+cn)^2\int_0^n [p_i(s)]^2 ds$$

又，我們也需要計算 $\int_0^n m_i(s)p_i(s)ds$：

$$\int_0^n m_i(s)p_i(s)ds = \int_0^n [a - (b+cn)p_i(s) + c\mathbb{P}_i]\,p_i(s)ds$$

$$= (a+c\mathbb{P}_i)\mathbb{P}_i - (b+cn)\int_0^n [p_i(s)]^2 ds$$

為了計算方便，我們令 $\widetilde{\mathbb{P}}_i = \int_0^n [p_i(s)]^2 ds$，並將上述結果代入第 (5.1) 式：

$$\pi_i + A_0 - (a+c\mathbb{P}_i)\mathbb{P}_i + (b+cn)\widetilde{\mathbb{P}}_i + \alpha(an - b\mathbb{P}_i)$$

$$+ \frac{\beta-\gamma}{2}\{(a+c\mathbb{P}_i)[n(a+c\mathbb{P}_i) - 2(b+cn)\mathbb{P}_i] + (b+cn)^2\widetilde{\mathbb{P}}_i\}$$

$$- \frac{\gamma}{2}[(an)^2 - 2anb\mathbb{P}_i + (b\mathbb{P}_i)^2]$$

$$\Rightarrow \left[\pi_i + A_0 + \alpha an - \frac{\beta - \gamma}{2} a^2 n - \frac{\gamma}{2}(an)^2 \right]$$

$$+ \left\{ a - ab - \frac{\beta - \gamma}{2}[acn - a(2b + cn)] + \frac{\gamma}{2}2abn \right\} \mathbb{P}_i$$

$$+ \left\{ (b + cn) - \frac{\beta - \gamma}{2}(b + cn)^2 \right\} \widetilde{\mathbb{P}}_i$$

$$+ \left[-c + \frac{\beta - \gamma}{2}c(2b + cn) - \frac{\gamma}{2}b \right](\mathbb{P}_i)^2$$

兩區域各自的間接效用函數為：

$$V_1 = \pi_1 + A_0 + \frac{a^2 n}{2b} - a\mathbb{P}_1 + \frac{b + cn}{2}\widetilde{\mathbb{P}}_1 - \frac{c}{2}(\mathbb{P}_1)^2 \qquad （5.A.14）$$

$$V_2 = \pi_2 + A_0 + \frac{a^2 n}{2b} - a\mathbb{P}_2 + \frac{b + cn}{2}\widetilde{\mathbb{P}}_2 - \frac{c}{2}(\mathbb{P}_2)^2 \qquad （5.A.15）$$

步驟 2：推導間接效用函數之差距

此步驟須將第 (5.9) 式的物價指數與第 (5.16) 式的價格，代入第 (5.A.14) 式以及第 (5.A.15) 式的間接效用函數中，且令 $n = 1$。

$$V_1 = \pi_1 + A_0 + \frac{a^2 n}{2b} - a(hp_{11}^* + (1 - h)np_{21}^*) + \frac{b + c}{2}(h(p_{11}^*)^2 + (1 - h)(p_{21}^*)^2)$$

$$- \frac{c}{2}(hp_{11}^* + (1 - h)p_{21}^*)^2$$

$$\Rightarrow V_1 = \pi_1 + A_0 + \frac{a^2}{2b} - a\left(p_{11}^* + \frac{1 - h}{2}\tau\right) + \frac{b}{2}((p_{11}^*)^2 + (1 - h)\tau(p_{11}^*)^2)$$

$$+ \frac{(1 - h)\tau^2[(b + c) - c(1 - h)]}{8}$$

$$V_2 = \pi_2 + A_0 + \frac{a^2}{2b} - a\left(hp_{12}^* + (1 - h)p_{22}^*\right) + \frac{b + c}{2}(h(p_{12}^*)^2 + (1 - h)(p_{22}^*)^2)$$

$$- \frac{c}{2}(hp_{12}^* + (1 - h)p_{22}^*)^2$$

$$\Rightarrow V_2 = \pi_2 + A_0 + \frac{a^2}{2b} - a\left(p_{22}^* + \frac{h}{2}\tau\right) + \frac{b}{2}\left((p_{22}^*)^2 + h\tau(p_{22}^*)^2\right) + \frac{h\tau^2[(b+c)-ch]}{8}$$

$$V_1 - V_2 = \pi_1 - \pi_2 + a\left(p_{22}^* - p_{11}^* + \frac{2h-1}{2}\tau\right)$$

$$+ \frac{b}{2}\left\{\left[(p_{11}^*)^2 - (p_{22}^*)^2\right] + \left[(1-h)\tau p_{11}^* - h\tau p_{22}^*\right]\right\} + \frac{(1-2h)b\tau^2}{8}$$

其中，$p_{11}^* - p_{22}^* = \dfrac{2a+\tau c(1-h)}{2(2b+c)} - \dfrac{2a+\tau ch}{2(2b+c)} = \dfrac{\tau c(1-2h)}{2(2b+c)}$，$p_{11}^* + p_{22}^* = \dfrac{4a+\tau c}{2(2b+c)}$，

$(1-h)\tau p_{11}^* - h\tau p_{22}^* = (1-h)\tau\dfrac{2a+\tau c(1-h)}{2(2b+c)} - h\tau\dfrac{2a+\tau ch}{2(2b+c)} = \dfrac{(1-2h)\tau(2a+c\tau)}{2(2b+c)}$。

我們又可以改寫 ΔV 為：

$$V_1 - V_2 = \pi_1 - \pi_2 - a\tau(1-2h)\frac{b+c}{2b+c}$$

$$+ \frac{(1-2h)b\tau}{4(2b+c)}\left\{\frac{8(b+c)a + 2c\tau(2b+c) + c^2\tau}{2(2b+c)}\right\} + \frac{(1-2h)b\tau^2}{8}$$

$$\Rightarrow V_1 - V_2 = \pi_1 - \pi_2 - a\tau(1-2h)\frac{b+c}{2b+c} + \frac{8ab\tau(b+c)(1-2h)}{2(2b+c)}$$

$$+ \frac{bc\tau^2(1-2h)(4b+3c)}{8(2b+c)^2} + \frac{(1-2h)b\tau^2}{8}$$

$$\Rightarrow V_1 - V_2 = \pi_1 - \pi_2 + \frac{(b+c)^2(1-2h)b}{2(2b+c)^2}\tau^2 - \frac{a\tau(b+c)^2(1-2h)}{(2b+c)^2}\tau$$

又 $\pi_1 - \pi_2 = \dfrac{\tau(b+c)}{2H(2b+c)}\left\{2(2a-b\tau)\right\}(h-0.5)H - \tau c(h-0.5)(L+H)$

$$= -\frac{a(b+c)(1-2h)}{2b+c}\tau + \frac{(b+c)(1-2h)[cL+(2b+c)H]}{4H(2b+c)^2}\tau^2$$

最後，可以整理得到兩區域間接效用函數差距：

$$V_1 - V_2 = -\frac{a(b+c)(1-2h)}{2b+c}\tau + \frac{(b+c)(1-2h)[cL+(2b+c)H]}{4H(2b+c)^2}\tau^2$$

$$+\frac{(b+c)^2(1-2h)b}{2(2b+c)^2}\tau^2-\frac{a\tau(b+c)^2(1-2h)}{(2b+c)^2}\tau$$

$$\therefore V_1-V_2=\Theta(\tau^*-\tau)\,\tau\,(h-0.5)，其中，$$

$$\Theta=\frac{(b+c)\{H[6b(b+c)+c^2]+c(2b+c)L\}}{2(2b+c)^2}>0，\tau^*=\frac{4H(3b-2c)a}{H[6b(b+c)+c^2]+c(2b+c)L}>0。$$

參考文獻

Amir, R., Erickson, P., and Jin, J. (2017). On the microeconomic foundations of linear demand for differentiated products. *Journal of Economic Theory, 169*, 641-665. https://doi.org/10.1016/j.jet.2017.03.005

Forslid, R. and Ottaviano, G. I. P. (2003). An analytically solvable core-periphery model. *Journal of Economic Geography, 3*(3), 229-240.

Krugman, P. R. (1991). Increasing returns and economic geography. *Journal of Political Economy, 99*(3), 483-499.

Ottaviano, G. I. P., Tabuchi, T., and Thisse, J.-F. (2002). Agglomeration and trade revisited. *International Economic Review, 43*(2), 409-435.

Pflüger, M. (2004). A simple, analytically solvable, Chamberlinian agglomeration model. *Regional Science and Urban Economics, 34*(5), 565-573. https://doi.org/10.1016/s0166-0462(03)00043-7

第 6 章｜住宅與新經濟地理

6.1 前言

不同於前面的幾章，本章將住宅納入模型當中。在區域科學或都市經濟學，許多研究聚焦在區域或者是都市的結構。他們強調土地的使用、地方宜居性（local amenities）、公共財貨的提供以及在生產方面的地方化經濟（localized economies）等。這些因素幫助我們去瞭解在城市空間布局（layouts of cities）以及城市規模（city size）的差異，還有人口密度或製造業設施集中的區域差異。除此之外，區域科學或都市經濟學也能夠被用來解釋在不同國家間經濟地理上的差異（Helpman, 1998）。

以下我們將會分成兩大部分：第一部分是以 Krugman（1991）模型為基礎的架構（Helpman,1998; Tabuchi, 1998）；第二部分則是以 Ottaviano et al.（2002）模型為基礎的架構（稱為OTT架構）（Ottaviano et al., 2002）。[1] 這些架構共同點在於，住宅對於空間中的經濟活動提供分散力（dispersion force）。在這些文章當中，各自採用不同的方式將住宅納入模型來分析。此外，部分文章可能會涉及到家戶區位選擇以及均衡土地利用，若不熟悉的讀者可以參閱 Fujita（1989）*Urban Economic Theory* 這本經典的著作。

6.2 Helpman（1998）模型

Helpman（1998）假設兩區域有相同的住宅存量，這使得人口較多的區域，每位消費者能夠購買的住宅數量也較少，與原本 Krugman（1991）架構相比，Helpman（1998）新增了經濟活動的分散力。最後，

1　由於 Ottaviano et al.（2002）文章內容豐富，因此我們將文章的第 7 節有關住宅的部分在這章一起介紹。

Helpman（1998）與 Krugman（1991）一樣是透過數值模擬的方式求解。

6.2.1 模型設定

在這個模型，兩個區域各自有相同的住宅存量，人們可以選擇居住在其中一個區域。家戶在居住的區域消費（住宅數量、製造業財貨）以及工作。我們假設兩區域的總人口 N 是給定的。製造業財貨與前面幾章的設定相同；另一方面，在人口愈多的區域代表每人住宅消費量減少。最後，假設兩區域的所有人共同擁有這些住宅存量。

每個家戶的效用為 Cobb-Douglas 函數：

$$U_i = l_i^{\mu} M_i^{1-\mu}, \ \ i = 1, 2 \tag{6.1}$$

其中，$\mu \in (0,1)$ 為常數，l 代表住宅的消費量，M 是製造業商品且 $M_i = \left[\int_{s=0}^{n} m_i(s)^{\rho} ds \right]^{\frac{1}{\rho}}$，$m(s)$ 表示製造業產品品項 s 的消費量，$s \in [0,n]$，$0 < \rho < 1$ 代表家戶對於每個製造業產品品項的偏好程度。此外，$\sigma = \dfrac{1}{1-\rho} > 1$ 代表任意兩個製造業產品品項的替代彈性。接著，家戶並沒有儲蓄的行為，且家戶只會提供一單位的勞動力，預算限制式為：

$$r_i l_i = \int_{s=0}^{n} m_i(s) p_i(s) ds = y_i , \ \ i = 1, 2 \tag{6.2}$$

其中，y 為要素所得，r_i 為住宅價格（租金），$p(s)$ 表示製造業產品品項 s 的價格。

製造業部門是獨占性競爭市場。由於規模報酬遞增、消費者偏好多樣化品項以及製造業產品的潛在品項數量無限，因此沒有一家公司會選

擇生產由另一家公司提供的相同品種。這意味著每個品項只在一個地點由一家製造業廠商生產，因此製造業廠商的數量與製造業產品的品項數量是相同的。生產過程假設只需要勞工，製造業廠商對於勞工的需求量為：

$$F + a_m M_i(s) \qquad (6.3)$$

其中 F 為固定勞工投入量，a_m 是生產一單位產品的勞工投入量，並標準化為 1，$M_i(s)$ 是品項 s 的總生產量。假設運輸成本為冰山（iceberg）形式 $\tau > 1$。最後，製造業廠商的利潤函數 $\Pi(s)$ 為：

$$\Pi(s) = p_{ii}(s)m_{ii}(s) + p_{ij}(s)m_{ij}(s) - w_i[F + (m_{ii}(s) + \tau m_{ij}(s))] \qquad (6.4)$$

其中 $p_{ii}(s)$ 是在產地 i 販售的價格，$p_{ij}(s)$ 是從產地 i 販售至區域 j 商品的價格，$m_{ii}(s)$ 是在產地 i 販售的產量，$m_{ij}(s)$ 是從產地 i 販售至區域 j 的數量，$m_{ii}(s) + \tau m_{ij}(s) = M_i(s)$，$w_i$ 是製造業勞工的薪資，$i, j = 1, 2$，且 $i \neq j$。

6.2.2 均衡

首先，我們計算廠商的定價以及廠商家數。廠商的定價為：

$$p_{ii} = \frac{\sigma}{\sigma - 1} w_i = \frac{1}{\rho} w_i , \quad p_{ij} = \frac{\sigma}{\sigma - 1} \tau w_i = \tau p_{ii} , \quad i, j = 1, 2 \text{ and } i \neq j \qquad (6.5)$$

此外，由於均衡時，製造業廠商利潤為零，我們可以得到：

$$p_{ii} = \left(\frac{F}{M_i} + 1 \right) w_i \tag{6.6}$$

將第 (6.5) 式代入第 (6.6) 式，可得製造業廠商的供給量：

$$M_i = \frac{\rho F}{1 - \rho} \tag{6.7}$$

接著，由 (6.3) 式，$F + M_i$ 是一家製造業廠商的勞動需求，故區域 i 總勞動需求為 $n_i(F + M_i)$；另一方面，每個家戶提供一單位的勞動，則區域 i 總勞動供給為 N_i。當勞動需求等於勞動供給時，$n_i(F + M_i) = N_i$，勞動市場達到均衡，因此，將第 (6.7) 式代入能夠得到區域 i 的廠商家數為：

$$n_i = \frac{1 - \rho}{F} N_i \tag{6.8}$$

接著，計算製造業財貨的市場均衡。我們定義 Y_i 為區域 i 的收入。製造業市場均衡的條件是，製造業商品的供給等於製造業商品的需求，以區域 1 為例：

$$\underbrace{\frac{\rho F}{1 - \rho}}_{\text{supply}} = \underbrace{\frac{p_1^{-\sigma}}{n_1 p_1^{-\sigma} + n_2 (\tau p_2)^{1-\sigma}} (1 - \beta) Y_1 + \frac{\tau (\tau p_2)^{-\sigma}}{n_1 (\tau p_1)^{1-\sigma} + n_2 p_2^{-\sigma}} (1 - \beta) Y_2}_{\text{demand}} \tag{6.9}$$

其中，$p_i = p_{ii}$，$i = 1, 2$。在第 (6.9) 式中，Y_1、Y_2 尚未被計算，因此我們需要求得之後再代入第 (6.9) 式。每個家戶花費所得的比例 μ 在住宅服務上，住宅服務的租金總和為 $\beta(Y_1 + Y_2) = \beta Y$。此外，兩區域的所得總和是薪資所得總和加上租金總和。

$$Y = \Sigma_{i=1}^{2} w_i N_i + \beta Y \Rightarrow Y = \frac{1}{1-\beta} \Sigma_{i=1}^{2} w_i N_i \qquad (6.10)$$

也因此，租金總和爲 $\beta Y = \frac{\beta}{1-\beta} \Sigma_i w_i N_i$。此外，因爲住宅存量是所有人共同擁有，區域 i 的租金總和應按人口比例分配，因此區域 i 的收入爲：

$$Y_i = w_i N_i + \left(\frac{N_i}{N}\right)\left(\frac{\beta}{1-\beta}\right) \Sigma_i w_i N_i \qquad (6.11)$$

將第 (6.5) 式、第 (6.8) 式以及第 (6.11) 式代入第 (6.9) 式，並整理得到：

$$1 = \frac{h_1 \omega^{1-\sigma}}{h_1 \omega^{1-\sigma} + (1-h_1)\phi} \left[1 - \beta + \beta\left(h_1 + \frac{1-h_1}{\omega}\right) \right]$$
$$+ \frac{(1-h_1)\phi\omega^{1-\sigma}}{\phi h_1 \omega^{1-\sigma} + (1-h_1)} \left[\frac{1-\beta}{\omega} + \beta\left(h_1 + \frac{1-h_1}{\omega}\right) \right] \qquad (6.12)$$

其中，$h_1 = \frac{N_1}{N}$，$\omega = \frac{p_1}{p_2} = \frac{w_1}{w_2}$，且 $\phi = \tau^{1-\sigma}$。

最後，我們計算兩區域的相對效用。區域 i 的住宅存量是固定的 L_i，則人均住宅消費是 L_i/N_i。此外，人均製造業產品消費爲 $(1-\beta)E_i/N_i$。我們可以得到區域 i 的間接效用函數爲：

$$v_i = \left(\frac{L_i}{N_i}\right)^{\beta} \left[\frac{(1-\beta)E_i}{N_i \mathbb{P}_i} \right]^{1-\beta}, \quad i = 1, 2 \qquad (6.13)$$

其中，$\mathbb{P}_i = (n_i p_i^{1-\sigma} + n_j \phi p_j^{1-\sigma})^{\frac{1}{1-\sigma}}$ 爲製造業商品在區域 i 的物價指

數。因此，我們可以得到相對效用為：

$$V = \frac{v_1}{v_2} = \left[\frac{L_1(1-h_1)}{L_2 h_1}\right]^{\beta} \left[\frac{(1-\beta)\omega + \beta(h_1\omega + 1 - h_1)}{(1-\beta) + \beta(h_1\omega + 1 - h_1)}\right]^{1-\beta}$$

$$\times \left[\frac{h_1\omega^{1-\sigma} + \phi(1-h_1)}{h_1\phi\omega^{1-\sigma} + 1 - h_1}\right]^{\frac{1-\beta}{\sigma-1}} \tag{6.14}$$

　　與前面的章節類似，當 $V > 1$，勞工會從區域 2 往區域 1 移動；當 $V < 1$，勞工會從區域 1 往區域 2 移動；當 $V = 1$，勞工沒有誘因在區域之間移動，因為兩個區域的效用是相同的。不同運輸成本下均衡的空間分布如圖 6.1，其中參數分別設定為 $L_1 = L_2 = 0.5$、$\omega = 1$、$\beta = 0.4$ 以及 $\sigma = 2$。當運輸成本 $\tau < \tau_b = 5.5$，廠商的分布是穩定對稱分布。隨著運輸成本增加並超過 τ_b，即 $\tau \geq \tau_b$，勞工的分布會呈現不對稱的兩種結果，亦即，超過一半數量的廠商與勞工會在一區域，而另一區域則少於一半的廠商與勞工，即 $0.5 < h_1 < 1$ 或者 $0 < h_1 < 0.5$，例如：$h_1 = 0.6$ 或 $h_1 = 0.4$。最後，當運輸成本趨近於無窮大時，即 $\tau \to \infty$，則幾乎所

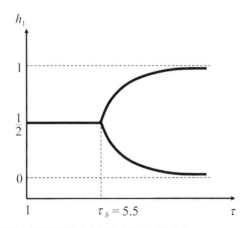

圖 6.1　Helpman 模型在不同運輸成本下均衡的空間分布

有人會聚集在兩區域其中一區域，亦即全部聚集在區域 1（$h_1 \to 1$）、或區域 2（$h_1 \to 0$），這項結果與 Krugman（1991）模型結果相反。

　　為了進一步分析住宅作為分散力量如何影響空間分布，我們設定 β = 0.8，其他的參數則與圖 6.1 的設定相同。圖 6.2 的結果顯示，當勞工的住宅消費占所得比例 β 上升時，這隱含家戶相對於製造業商品而言更加偏好住宅，勞工呈現對稱分布，與圖 6.1 結果不同（運輸成本高於 τ_b = 5.5 時，勞工會呈現不對稱分布）。這是因為在勞工更偏好住宅的情況下，他們為了避免只能消費少量的住宅而更加遠離人口數多的區域。最後，在任何運輸成本下，空間分布只有對稱解。

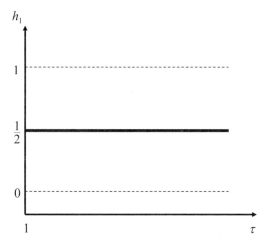

圖 6.2　在勞工更偏好住宅服務時（$\beta = 0.8$）Helpman 模型均衡的空間分布

6.3 Tabuchi（1998）模型

　　在工業革命後，農村人口流失的同時，大都市在世界各地出現，然而已開發國家在 1970 年以後人口聚集已經停止或者呈現分散的狀態

（Vining et al., 1981）。基於 Vining et al.（1981）的觀察，Tabuchi 指出分散出現在運輸成本高以及運輸成本低的情況，聚集則發生在運輸成本居中的情況。爲了分析這個現象，這篇文章在兩座都市的框架下，對產品多樣性形成的聚集經濟以及都市內部擁擠形成的聚集不經濟進行一般均衡分析，其中，他特別關注運輸成本對於都市的聚集以及分散的影響。有關模型的架構，他將 Alonso（1964）導入 Krugman（1991）模型，不同於 Helpman（1998）以不可貿易的住宅取代農產品的方式表現聚集不經濟。

6.3.1 模型設定

一個經濟體內包含兩個區域，並且各自有一個市中心（central business district, CBD）。技術相同的勞工在其住處與區域的 CBD 之間通勤。總人口假設標準化爲 1，兩區域各自農民人數固定爲 $\frac{1-\alpha}{2}$，而製造業勞工總人數則是 $H_1 + H_2 = \alpha$。此外，假設製造業勞工能夠在長期時選擇遷移至效用較高的區域，而農民則不會在區域間遷移。在區域 i 代表性勞工的效用函數爲：

$$U_i = l_i^\mu M_i^\alpha A_i^{1-\mu-\alpha}, \ \ i = 1, 2 \tag{6.15}$$

其中，$\mu, \alpha \in (0,1)$ 爲常數且 $\mu + \alpha < 1$，l 爲土地（或住宅）面積，$M_i = \left(\sum_{s=1}^n (m_{is})^{(\sigma-1)/\sigma}\right)^{\sigma/(\sigma-1)}$ 爲製造業商品，$s \in [1,n]$ 代表產品的項目數量，n 代表兩區域合計的製造業廠商家數，A 爲農產品，$\sigma > 1$ 爲替代彈性。假設製造業商品在區域間運輸時需要考慮運輸成本，其中運輸成本爲冰山成本 $\tau \in [0,1]$；具體來說，運送一單位製造業商品只有 τ 單位到達另一個區域販售。接著，在區域 1 代表性家戶的預算限制式爲：

$$\sum_{s=1}^{n_1} p_{1s}m_{1s} + \sum_{s=n_1+1}^{n} p_{2s}\frac{m_{2s}}{\tau} + r(x)l_1 + p_A A = w_1 - T(x) \qquad （6.16）$$

　　其中，n_1 代表區域 1 的廠商家數，p_{1s} 爲區域 1 的製造業廠商的產品 s 之價格，p_{2s} 爲區域 2 的製造業廠商的產品 s 之價格，$r(x)$ 爲離市中心 x 位置的地租（或房租），x 是到 CBD 的距離，p_A 爲農產品價格，w_1 爲薪資，$T(x)$ 是離市中心 x 位置的通勤成本，則 $w_1 - T(x)$ 爲可支配所得。須注意的是，勞工向居住在外地的土地所有者承租土地（或住宅），而地租收入歸屬於居住在外地的土地所有者（absentee landowners）。另一方面，區域 2 代表性家戶的預算限制式也是相似的。

　　農產品的生產假設爲固定規模報酬，生產一單位農產品時，需要投入一單位農民，且農產品在區域間運輸時不需要考慮運輸成本，假設農產品價格標準化爲 1。接著，製造業廠商面對獨占性競爭市場，每一個項目的製造業商品由一家製造業廠商生產，假設生產一單位製造業商品時廠商分別需要固定 F 以及 $a_m m_i$ 的勞動投入量 H_i：

$$H_i = F + a_m m_i, \ \ i = 1, 2 \qquad （6.17）$$

利潤函數爲：

$$\Pi_i = p_i m_i - w_i(F + a_m m_i), \ \ i = 1, 2 \qquad （6.18）$$

6.3.2 均衡

　　在支出極小化問題，由代表性家戶對於不同項目的製造業產品的需求可得到的結果爲：

$$\frac{m_1}{m_2} = \left(\frac{p_2/\tau}{p_1}\right)^\sigma \tag{6.19}$$

在效用極大化問題，由代表性家戶可得到的各項支出為：

$$r(x)l_i = \mu[w_i - T(x)] \tag{6.20}$$

$$\sum_{s=1}^{n_1} p_{1s}m_{1s} + \sum_{s=n_1+1}^{n} p_{2s}\frac{m_{2s}}{\tau} = \alpha[w_i - T(x)] \tag{6.21}$$

$$A = (1 - \mu - \alpha)[w_i - T(x)] \tag{6.22}$$

在利潤極大化問題，由代表性廠商的定價得到的結果為：

$$\frac{p_2}{p_1} = \frac{w_2}{w_1} \tag{6.23}$$

此外，假設製造業廠商能夠自由進出市場，製造業廠商在均衡時利潤為零。透過第 (6.19) 式至第 (6.23) 式，我們可以得到兩區域的間接效用比為：

$$v = \frac{V_1}{V_2} = \left[\frac{w_1 - T(x_1)}{w_2 - T(x_2)}\right]\left[\frac{h_1 w_1^{1-\sigma} + (1-h_1)(w_2/\tau)^{1-\sigma}}{h_1(w_1/\tau)^{1-\sigma} + (1-h_1)w_2^{1-\sigma}}\right]^{\alpha/(\sigma-1)} \tag{6.24}$$

其中，x_1 以及 x_2 分別為各區域的都市邊界，$h_1 = H_1/(H_1 + H_2)$。另外，在長期均衡時，第 (6.24) 等於 1，這表示兩區域的間接效用對於製造業勞工而言沒有差異。

接著，我們求解地租以及都市人口密度。在都市邊界，地租為農業地租，$r(x_i) = r_A$，其中農業地租為常數。在效用極大化問題下，勞工的最適區位條件為：

$$r'(x)l(x) + T'(x) = 0 \qquad (6.25)$$

第 (6.25) 式表示給定住宅服務，地租與通勤成本之間存在抵換（trade-off）關係；亦即，當區位 x 增加時，通勤成本的增量恰被住宅成本的減量抵銷。我們將第 (6.20) 式代入第 (6.25) 式，整理得到：

$$\frac{-T'(x)}{w - T(x)} = \mu \frac{r'(x)}{r(x)}$$

$$\Rightarrow \ln[w - T(x)] = \mu \ln r(x)$$

或者是

$$r(x) = r_0 [1 - T(x)/w]^{\frac{1}{\mu}} \qquad (6.26)$$

其中，r_0 代表 CBD 的地租。第 (6.26) 式表示給定住宅服務，隨著到 CBD 的距離愈遠，地租愈低。經由第 (6.20) 與 (6.26) 式得知，在區位 x 的人口密度為人均住宅面積的倒數：

$$\frac{1}{l(x)} = \frac{r_0 [1 - T(x)/w]^{\frac{1}{\mu}}}{\mu[w - T(x)]}$$

$$\Rightarrow \frac{1}{l(x)} = \frac{r_0 [1 - T(x)/w]^{\frac{1}{\mu} - 1}}{\mu w} \qquad (6.27)$$

人口數在 x 與 $x + dx$ 之間為 $2\pi x dx / l(x)$。對其取積分得到都市的人口數，其中都市的人口數等於區域 i 製造業勞工人數，即：

$$H_i = \int_0^{x_i} \frac{2\pi x}{l_i(x)} \, dx = \frac{2\pi r_A \int_0^{x_i} x[1 - T(x)/w_i]^{\frac{1}{\mu} - 1} \, dx}{\mu w_i [1 - T(x_i)/w_i]^{\frac{1}{\mu}}} \, , \; i = 1, 2 \qquad （6.28）$$

須注意第 (6.28) 式透過第 (6.26) 式以及第 (6.27) 式導出，其中 x_i 替代為 x 以及 r_A 替換 $r(x_i)$。

每個區域總收入為：

$$Y_i = \frac{1 - \alpha}{2} + \varphi_i w_i H_i \, , \; i = 1, 2 \qquad （6.29）$$

其中，

$$\varphi_i \equiv \frac{\int_0^{x_i} x[1 - T(x)/w_i]^{\frac{1}{\mu}} \, dx}{\int_0^{x_i} x[1 - T(x)/w_i]^{\frac{1}{\mu} - 1} \, dx} \, , \; i = 1, 2 \qquad （6.30）$$

φ_i 指的是可支配所得與薪資的比例。由於在區域 i 可支配所得為 $\int_0^{x_i} [w_i - T(x)] \frac{2\pi x}{l_i(x)} \, dx = \varphi_i w_i H_i$，因此，$\varphi_i \in (0,1)$。接著，定義 z_i 為區域 i 的支出消費在區域 1 商品與消費在區域 2 商品之比例。透過第 (6.19) 式以及第 (6.23) 式，z_i 可以表示為：

$$z_1 = \frac{H_1}{H_2} \left(\frac{w_1 \tau}{w_2} \right)^{-\sigma + 1} \qquad （6.31）$$

$$z_2 = \frac{H_1}{H_2} \left(\frac{w_1}{w_2 \tau} \right)^{-\sigma + 1} \qquad （6.32）$$

區域 i 製造業勞工的總收入，等於消費者在兩區域花費在區域 i 的製造業商品。

$$w_1 H_1 = \alpha \left[\left(\frac{z_1}{1+z_1} \right) Y_1 + \left(\frac{z_2}{1+z_2} \right) Y_2 \right] \quad (6.33)$$

$$w_2 H_2 = \alpha \left[\left(\frac{1}{1+z_1} \right) Y_1 + \left(\frac{1}{1+z_2} \right) Y_2 \right] \quad (6.34)$$

　　其中在各自式子中等號右手邊的第一項為在區域 1 製造業商品總支出，第二項則是在區域 2 製造業商品總支出。

　　長期均衡時，製造業勞工沒有誘因遷移，這表示第 (6.24) 式等於 1，又將第 (6.30) 式代入第 (6.29) 式，我們可以得到由第 (6.26) 式、第 (6.28) 式、第 (6.29) 式以及第 (6.31) 式至第 (6.34) 式組成一組九條方程式的系統來決定九個內生變數：h_1、x_i、w_i、Y_i 以及 z_i，其中 $i = 1, 2$。由於模型的結構是非線性的，因此，Tabuchi 提供區域間運輸成本在極大以及極小兩種極端情況以分析解方式討論空間分布，其餘情況則採模擬分析。

　　首先，在區域間運輸成本極大時，即 $\tau \to 0$，此時兩區域的都市相當於封閉經濟的經濟體（autarky），我們可以得到命題 1 如下：

命題 1：當區域間運輸成本趨向極大值（$\tau \to 0$）時，如果：

$$\alpha > \frac{\sigma - 1}{\sigma} \quad (6.35)$$

則都市聚集是穩定均衡。

證明：設第 (6.24) 式當中的 $h_1 = 1$，我們可以得到：

$$v = \left[\frac{w_1 - T(x_1)}{w_2} \right] \tau^{-\alpha} \quad (6.36)$$

將 $H_1 = \alpha$ 以及 $H_2 \to 0$ 代入第 (6.29) 式、第 (6.33) 式以及第 (6.34) 式，薪資 w_i 可以得到：

$$w_1 = \frac{1 - \alpha}{1 - \varphi_1 \alpha}$$

$$w_2 = \left(\frac{1 - \alpha}{1 - \varphi_1 \alpha} \right)^{\frac{\sigma - 1}{\sigma}} \left[\tau^{\sigma - 1} \left(\frac{1 - \alpha}{2} + \frac{1 - \alpha}{1 - \varphi_1 \alpha} \varphi_1 \alpha \right) + \tau^{1 - \sigma} \left(\frac{1 - \alpha}{2} \right) \right]^{\frac{1}{\sigma}}$$

我們可以觀察到，如果 $\tau \to 0$，在第 (6.35) 式的條件下，第 (6.36) 式將會趨近於 $+\infty$，這隱含此時製造業的聚集是穩定均衡。

第 (6.35) 式顯示在高運輸成本的情況下，當 1. 替代彈性 σ 低以及 2. 消費製造業商品支出占可支配所得的比例 α 高時，製造業廠商會聚集。前者隱含在運輸成本相當高的情況下，不同製造業商品兩兩之間的替代性是低的，而消費者的效用在小城市將會非常低，這是因為進口製造業商品的成本相當高。換言之，相對於居住在小城市，基於多樣的差異化製造業商品，消費者傾向居住在大城市，同時，也吸引製造業廠商往大城市聚集。後者，消費製造業商品支出占可支配所得的比例 α 高，也提供了一些意涵。直覺地，對於消費者而言，當製造業商品相對於住宅或者農產品更為重要時，因此，聚集就會發生。

然而，當第 (6.35) 式不成立時，根據多次的數值模擬結果，我們可以得到製造業廠商分布在兩區域，對稱分布是穩定均衡。Tabuchi 假設 $\mu = 0.5$、$T(x) = tx$，其中 $t > 0$ 為常數，且提供了當第 (6.35) 式不成立時的可分析解，我們可以得到命題 2。另外，因證明過程相對複雜，有興趣的讀者可以閱讀該文附錄。

命題 2：當區域間運輸成本趨向極大（$\tau \to 0$）且 $\mu = 0.5$ 時，如果：

$$\alpha \leq \frac{\sigma - 1}{\sigma} \qquad (6.37)$$

對稱分布爲穩定均衡。

　　前面兩個命題在運輸成本極大的情況下，各個都市經濟體如同自給自足一樣，且城市規模被農民的分布所決定，在交通運輸不發達的時代，現實呈現的是命題 2 得到的對稱分布，而非命題 1 得到的聚集解。換言之，在進入工業革命以前的農業時代：1. 替代彈性是高的，且 2. 花費在製造業商品的支出占可支配所得相對於農產品是低的。以下的分析我們將假設第 (6.37) 式不等式成立。

　　在運輸成本爲極小的情況下，即 $\tau \to 1$，這相當於現今時代或者遙遠的未來，運輸成本相當低廉。在這個情況下，我們可以得到命題 3：

命題 3：當區域間運輸成本趨向極小（$\tau \to 1$），對於任何參數而言，
　　　　對稱分布是唯一的穩定均衡。

證明：將 $\tau \to 1$ 代入第 (6.24) 式，我們得到 $v = [w_1 - T(x_1)]/[w_2 - T(x_2)]$。
　　　　基於第 (6.31) 式以及第 (6.32) 式，此時對於所有 $h \in [0,1]$ 而言，$z_1 = z_2$。此外，基於第 (6.31) 式至第 (6.34) 式，對於所有 $h \in [0,1]$ 而言，$w_1 = w_2$。給定 $w_1 = w_2$，我們可以從第 (6.28) 式得到 $\partial H_i / \partial x_i > 0$。因此，可以推導出對於所有 $h_1 \in [0,1]$ 而言，$\partial v/\partial h_1 < 0$。這表示兩區域各自有一半的製造業勞工，是穩定且唯一的均衡。

　　命題 3 是這篇文章主要的結果。它隱含對於任何起始的條件以及任何參數值而言，分散是城市系統的最後狀態，這可以如下的解釋：區域間運輸成本變成相當小的時候，廠商以及勞工將會呈現對稱分布，而在遙遠的未來，城市的聚集也將消失。在這種情況下，廠商及勞工沒有理

由聚集。相反地，分散的分布使得消費者可以享受更多的住宅面積以及更短的通勤時間。須注意的是，利用網路的資訊服務業也是如此，跨區域的訊息傳輸類似於跨區域的商品運輸，電信技術的進步導致城市活動的分散，如同運輸技術的進步。

6.3.3 數值模擬

由於這個非線性系統的模型，前面只分析極端情況，因此，我們需要仰賴數值模擬來計算特定參數的結果。首先，令 $T(x) = x$，且考慮 $\sigma = 4$、$\alpha = 0.3$、$\gamma = 0.5$ 以及 $r_A = 10$ 的案例。從命題 2 可以知道，因為低的替代彈性 σ 以及低的製造業商品占可支配所得的比例 α，當運輸成本趨近於 0，在這組參數的案例中對稱分布是穩定的均衡解。

數值模擬按照以下方式計算：給定以上的參數，我們先固定 h 以及設定都市邊界的起始條件，接著透過第 (6.28) 式決定薪資、第 (6.30) 式決定可支配所得與薪資的比例、第 (6.29) 式決定區域總所得以及由第 (6.31) 式及第 (6.32) 式分別決定 z_1 與 z_2。將這些結果代入第 (6.33) 式以及第 (6.34) 式中，我們計算等式左邊以及右邊彼此的差距。若他們的差距很大，則調整都市邊界條件，並且重複這些步驟直到這些差距相當小為止，模擬結果如圖 6.3。當運輸成本為 $0 \leq \tau < 0.52$ 時，空間均衡為對稱解；當 $0.52 < \tau < 0.53$ 時，空間均衡為對稱解或者部分聚集 $(h^*, 1 - h^*)$ 或 $(1 - h^*, h^*)$，其中 $h^* > 1/2$；當 $0.53 < \tau < 0.83$ 時，空間均衡呈現完全聚集在區域 1 或區域 2；當 $0.83 < \tau < 0.89$ 時，空間均衡呈現部分聚集 $(h^{**}, 1 - h^{**})$ 或 $(1 - h^{**}, h^{**})$，其中 $h^{**} > 1/2$；最後，當 $0.89 < \tau \leq 1$ 時，空間均衡則為對稱解。

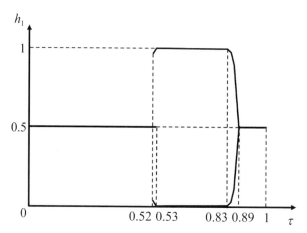

圖 6.3　Tabuchi 模型均衡的空間分布〔圖片修改自 Tabuchi（1998）〕

　　當運輸貨物的成本足夠高時，區域間貿易就很少發生，每個區域幾乎都可以自給自足。在這種情況下，每個區域的效用高低取決於該區域的住宅面積和製造業產品的種類。根據第 (6.23) 式，物價和工資率成正比上升。在小城市，由於較高比例的製造業商品需要進口，運輸成本高，物價指數必然高，這將提高薪資，製造業勞工會在小城市消費更多的農產品和更多的住宅空間，所以製造業勞工的生活會變好。而在擁有許多廠商和勞工的地區，亦即大城市，情況正好相反。由於製造業產品種類繁多，價格較低，工資率較低，因此勞工消費的農產品較少且住宅空間較小導致效用較低。需要注意的是，在這種情況下，出口產業規模的擴大並不能提高區域福利水準。相反的，小城市的製造業勞工過得好，大城市的農民過得好。這種討論在短期內是有效的，因為製造業勞工和廠商不能在地區之間遷移。然而，由於從長期來看，他們可以無成本地從大城市遷移到小城市，因此在長期均衡中，空間均衡是對稱解。

　　當運輸成本下降使得參數 τ 超過臨界值 0.53 時，就會發生驟變性的聚集，即製造業和勞工遷移到一個區域。運輸成本的降低，促使大

城市的廠商出口其製造業商品，並趨於縮小價格差異，從而縮小工資差異。在大城市中，製造業產品的多樣性（聚集力）變得比住宅用地的稀缺性（分散力）更重要，從而導致效用水準的提高，因此，聚集解是穩定的。須注意的是，雖然 τ 的變化是連續的，但在臨界值時會發生驟變性的聚集。

然而，當運輸成本變得足夠低時，聚集的好處就會消失，如前所述。狹小的人均住宅空間產生分散力超過了聚集經濟，導致廠商和勞工的重新分散。當運輸成本參數 τ 趨近於 1 時，相當於運輸成本為零，製造業商品的生產地和消費地不再重要。區位決定中，唯一關心的是住房空間，因此如命題 3 所示，廠商和勞工將在遙遠的未來重新分散。

6.4 Ottaviano, Tabuchi, and Thisse（2002）模型

本節介紹在準線性模型（Ottaviano et al., 2002）中，納入單核心的都市結構以及通勤成本。由於模型設定與第 5.2 節大部分相似，因此這裡沿用相關的設定，並且僅說明新增的部分。

6.4.1 都市結構假設

假設每個區域是連續且一維的空間，在每個區域都有一個 CBD，製造業廠商都聚集於 CBD，並且區域間貿易都發生在此處。與 Alonso（1964）以及 Tabuchi（1998）類似，假設製造業廠商生產時不需要投入土地，技術勞工消費土地且均勻地居住在 CBD 周圍，我們可以用線段 $[-H_i/2, H_i/2]$ 來表示城市的範圍，且需要支付土地租金（消費一單位土地），其中土地假設由全體城市居民所有，土地租金收入平均地分給全體居民。技術勞工在 CBD 上班，因此也需要支付從住處到 CBD 的通勤成本。假設每單位距離的通勤成本為 $t > 0$，因此，距離 CBD 為 x，

通勤成本為 tx。另外，每單位土地的租金為 $R(x)$，且土地作為居住使用的機會成本假設為 0。

6.4.2 模型均衡

首先，我們決定技術勞工在同一座城市內居住區位之選擇。他們將面臨土地租金以及通勤成本的權衡，來決定最適的居住區位。在均衡時，他們在同一座城市的效用是相同的。因此，

$$R(x) + tx = R\left(\frac{H_i}{2}\right) + t\frac{H_i}{2} \tag{6.38}$$

假設在城市邊界，$x = H_i/2$ 或 $x = -H_i/2$，土地租金為 0，因此，$R(H_i/2) = 0$，則：

$$R(x) = t\left(\frac{H_i}{2} - x\right) \tag{6.39}$$

一個區域所有的土地租金收入則為：

$$2\int_0^{\frac{H_i}{2}} R(x)dx = 2\int_0^{\frac{H_i}{2}} t\left(\frac{H_i}{2} - x\right)dx = \frac{t(H_i)^2}{4} \tag{6.40}$$

因此，區域 i 的人均土地租金收入為 $tH_i / 4$，而居住在區域 i 城市的成本為 $R(x) + tx - \dfrac{tH_i}{4} = t\left(\dfrac{H_i}{2} - x\right) + tx - \dfrac{tH_i}{4} = \dfrac{tH_i}{4}$。因此，不同區域之間，城市成本差異為：

$$\frac{tH_1}{4} - \frac{tH_2}{4} = \left(\frac{thH}{4} - \frac{t(1-h)H}{4}\right)$$

$$=\left(\frac{h}{4}-\frac{(1-h)}{4}\right)tH=\left(\frac{2h-1}{4}\right)tH$$

$$=\frac{1}{2}\left(h-\frac{1}{2}\right)tH \tag{6.41}$$

因此，改寫 Ottaviano et al.（2002）的兩區域之間接效用函數差距（第(5.21)式），即 $\Theta(\tau^*-\tau)\tau(h-0.5)$，考慮住宅的兩區域效用差距為：

$$\left(\omega_1-\frac{tH_1}{4}\right)-\left(\omega_2-\frac{tH_2}{4}\right)=\left[\Theta(\tau^*-\tau)\tau-\frac{tH}{2}\right](h-0.5) \tag{6.42}$$

其中，$\tau>0$ 是根據標準財貨計價的運輸成本，

$$\Theta=\frac{(b+c)\{H[6b(b+c)+c^2]+c(2b+c)L\}}{2(2b+c)^2}>0 \text{ 且 } \tau^*=\frac{4H(3b-2c)a}{H[6b(b+c)+c^2]+c(2b+c)L}>0 \text{。}$$

根據第 (6.42) 式，當 $\Theta(\tau^*-\tau)\tau>\dfrac{tH}{2}$ 時，聚集解（$h=0$ 或 1）是穩定的；當 $\Theta(\tau^*-\tau)\tau<\dfrac{tH}{2}$ 時，對稱解（$h=0.5$）是穩定的。

我們進一步觀察 $\Theta(\tau^*-\tau)\tau-\dfrac{tH}{2}$，令 $f(\tau)=\Theta(\tau^*-\tau)\tau-\dfrac{tH}{2}$ 為運輸成本的二次函數。當 $f(\tau)=0$，可以得到兩個根，分別是：

$$\tau_1=\frac{\tau^*-\sqrt{(\tau^*)^2-2t/\Theta}}{2}, \quad \tau_2=\frac{\tau^*+\sqrt{(\tau^*)^2-2t/\Theta}}{2} \tag{6.43}$$

從這兩個根可以整理得到：當 $0<\tau<\tau_1$ 或者是 $\tau_2<\tau<\tau_{\text{trade}}$ 時，對稱解是穩定均衡；當 $\tau_1<\tau<\tau_2$ 時，聚集解則是穩定均衡，我們將結果繪製成圖 6.4。從此圖得到與 Tabuchi（1998）相似的結論，隨著運輸成本的增加，製造業廠商的空間分布從分散到聚集再到分散。

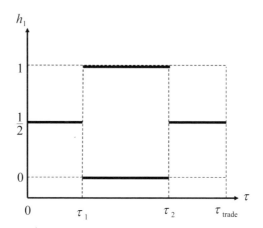

圖 6.4　考慮都市成本後 Ottaviano et al.（2002）模型均衡的空間分布

參考文獻

Alonso, W. (1964). *Location and land use: Toward a general theory of land rent.* Harvard University Press.

Fujita, M. (1989). *Urban economic theory: Land use and city size.* Cambridge University Press.

Helpman, E. (1998). The size of regions. In D. Pines, E. Sadka, and I. Zilcha (Eds.), *Topics in public economics* (pp. 33-54): Cambridge University Press.

Krugman, P. R. (1991). Increasing returns and economic geography. *Journal of Political Economy, 99*(3), 483-499.

Ottaviano, G. I. P., Tabuchi, T., and Thisse, J. F. (2002). Agglomeration and trade revisited. *International Economic Review, 43*(2), 409-435.

Tabuchi, T. (1998). Urban agglomeration and dispersion: A synthesis of Alonso and Krugman. *Journal of Urban Economics, 44*, 333-351.

Vining, D., Pallone, R., and Plane, D. (1981). Recent migration patterns in the developed world: A clarification of some differences between our and NASA's findings. *Environment and Planning A: Economy and Space, 13*(2), 243-250.

von Thünen, J. H. (1826). *Der isolierte Staat in Beziehung auf Landwirtschaft und Nationalökonomie.* Hamburg: Perthes. English translation: *The Isolated State.* Oxford: Pergammon Press, 1966.

第 7 章 ｜ 異質生產力模型

7.1 前言

　　Krugman（1991）開創的新經濟地理模型，在技術上源自於新貿易理論（New Trade Theory, NTT）。[1]新貿易理論解釋為何資源稟賦相似的已開發國家之間於二次世界大戰後成長快速，例如：根據歐盟的汽車進出口統計，2021 年美國與英國為主要歐盟的汽車進口國，兩國占全部汽車進口國比例都為 15%；同時，美國與英國也是主要歐盟的汽車出口國，兩國占全部汽車出口國比例分別為 20% 以及 17%。[2]相同產業貿易活動在貿易理論上稱為產業內貿易（intra-industry trade），不同於比較利益法則（如 Ricardian 模型、Heckscher-Ohlin 模型）解釋不同產業別的國際貿易（inter-industry trade）。新貿易理論的結論指出，對於消費者而言，在貿易過後他們面對的產品價格較低，產品項目是多樣的，並可提高消費者福利；對於廠商而言，生產的產品存在差異化，廠商面對的市場是獨占型競爭市場，（長期的）利潤依然為零，貿易後並不影響利潤，因此整體而言，產業內貿易會提高貿易雙方國家的社會福利。

　　無論是新貿易理論以及前面幾章介紹的 NEG 模型，我們對於製造業廠商設定採用代表性廠商，亦即不討論廠商彼此間生產力存在差異，這是因為受限於 1980 年代以前，貿易資料尚未統計有關廠商的貿易活動。在 1990 年代以後，隨著廠商活動的資料完備，國際貿易的實證研

1　新貿易理論代表研究之一，如 Krugman（1979; 1980）。Krugman（1980）將不完全競爭的 Dixit-Stiglitz 架構整合至貿易理論，其中，他假設消費者喜好市場上提供多樣化商品以及廠商的商品專業化，一個自給自足的經濟體將面臨多樣與專業化的權衡（trade-off），但是，開放貿易後，一方面進口他國產品為國內市場提高產品的多樣性，而廠商也能夠專業化生產某項產品發揮規模經濟效果。最後，基於 Krugman（1980）的研究成果，他進一步考慮廠商以及家戶在區域間移動，因而建構出新經濟地理模型。

2　European commission (2022, March). *International Trade in Cars*. Eurostat Statistics Explained. https://ec.europa.eu/eurostat/statistics-explained/index.php?title=International_trade_in_cars.

究轉向關注廠商的貿易活動（Bernard and Jensen, 1995; 1997; 1999; Aw and Hwang, 1995）。Bernard and Jensen（1999）採用美國人口普查數據發現，出口廠商比非出口廠商有更大的規模、更高的生產力、資本更密集、技術更密集，並支付更高的工資。[3] 此外，Pavcnik（2002）以智利為例，討論在 1970 年代末至 1980 年代初期貿易自由化對於廠商生產力的影響。實證結果顯示貿易自由化後，整體產業生產力的提高來自於生產資源和產出從生產效率較低的廠商到效率較高的生產者的重新分配，以上實證研究得到的結果是過去的新貿易理論無法解釋的。

在 2003 年，Marc Melitz 在 *Econometrica* 發表一篇文章 The Impact of Trade on Intra-Industry Reallocations and Aggregate Industry Productivity，這篇文章拓展 Krugman（1980）模型在製造業廠商的設定，考慮不同廠商的生產力是有差異的，並解釋在 1990 年代以後實證研究得到出口廠商與非出口廠商在貿易活動上的差異。Melitz（2003）模型的重點有以下幾點：1. 解釋貿易風險如何使更多有生產力的廠商在市場上存活，而同時較低生產力廠商則會離開市場；2. 貿易如何提供部分廠商成長的機會，但另一方面讓部分廠商倒閉或者縮減廠商規模；3. 最後，關注廠商面對進入市場的沉沒成本而決定廠商的生產力。換言之，Melitz（2003）模型將廠商的進入成本予以內生化，而這種進入成本在貿易活動中起到篩選的作用，區分廠商能夠進入國內市場或者國際市場的門檻。後續的貿易理論研究，如 Helpman et al.（2004）以及 Chaney（2008），在廠商的生產力差異設定中，假設廠商的生產力服從 Pareto 分配，而這項假設來自於 Axtell（2001）的實證結果，他指出低生產力廠商數量相當多，而高生產力廠商數量則相對較少。

⋯⋯⋯⋯⋯⋯⋯⋯⋯⋯⋯⋯⋯⋯⋯⋯⋯⋯⋯⋯⋯⋯⋯⋯⋯⋯⋯⋯⋯⋯⋯⋯⋯⋯⋯⋯⋯⋯⋯

3　最近使用海關交易數據的研究顯示，進口商表現出許多與出口商相同的特徵（更大的規模、更高的生產力、資本更密集、技術更密集，並更高的工資）（Melitz and Redding, 2014）。

由於 Melitz（2003）模型在技術上源自於 Krugman（1980），對於 NEG 的架構也產生了影響。自 Baldwin and Okubo（2006）開始，陸續有研究將不同製造業廠商存在生產力差異的設定納入 NEG 中，討論生產力的差異對於經濟活動在空間上的影響。我們將在第 8 章與第 9 章，透過整合 Melitz（2003）與 NEG 架構的模型，介紹空間選擇與排序（spatial selection and sorting），以及生產力異質性程度與聚集之間的關聯。在正式進入這些文章以前，本章先介紹 Melitz（2003）模型內容，分別考慮一個國家是封閉經濟的（autarky）模式以及開放經濟的（open economy）模式，在後面進一步討論貿易自由化後貿易利得的重分配。

7.2 封閉經濟

7.2.1 需求

消費者購買差異化的商品總共有 Ω 種。假設消費者偏好產品多樣化的程度為 $0 < \rho < 1$，且產品彼此之間的替代彈性為 $\sigma = 1/(1 - \rho)$，消費者的效用函數假設為固定替代彈性（constant elasticity of substitution, CES）函數：

$$U = \left[\int_{\omega \in \Omega} q_\omega^\rho d\omega \right]^{\frac{1}{\rho}} \tag{7.1}$$

消費者的效用可以被認為是一項複合商品需求，即 $U = Q$，其中複合產品是不同種類被購買商品的組合。複合產品的價格為：

$$P = \left[\int_{\omega \in \Omega} p_\omega^{1-\sigma} d\omega \right]^{\frac{1}{1-\sigma}} \tag{7.2}$$

其中，p_ω 是產品項目 ω 的價格。求解消費者最小支出問題，可以得到每項產品 ω 的需求是：

$$q_\omega = \left(\frac{p_\omega}{P}\right)^{-\sigma} Q \qquad (7.3)$$

我們可以進一步得到產品 ω 的支出為：

$$
\begin{aligned}
r_\omega &= \left(\frac{p_\omega}{P}\right)^{-\sigma} Q \cdot p_w \\
&= \left(\frac{p_\omega}{P}\right)^{-\sigma} Q \cdot p_\omega \cdot \frac{P}{P} \\
&= \left(\frac{p_\omega}{P}\right)^{1-\sigma} R \qquad (7.4)
\end{aligned}
$$

其中 $R = QP = \int_{\omega \in \Omega} r_\omega d\omega$ 為消費者總支出或廠商總收益。

7.2.2 生產與技術

廠商面對獨占性競爭市場，市場有許多家廠商，生產差異化產品，且假設每家廠商只有生產一種產品項目 ω。假設生產產品投入的要素只有勞工，每家廠商的生產力 $\varphi \geq 0$ 是連續的隨機變數且存在差異，每一家廠商每多生產一單位的商品需要 $1/\varphi$ 單位的勞工，表示生產力愈高，則需投入的勞工愈少。假設勞動需求 1 可由線性函數表示：

$$l_\omega = f + \frac{q_\omega}{\varphi} \qquad (7.5)$$

其中，$f > 0$ 是廠商的固定投入。具生產力 φ 的廠商之利潤函數為：

$$\pi_\omega(\varphi) = p_\omega(\varphi)q_\omega - w\left[f + \frac{q_w}{\varphi}\right] \tag{7.6}$$

為了簡化分析，假設勞工薪資 $w = 1$，則我們可以得到在利潤極大化的定價是：

$$p_\omega(\varphi) = \frac{1}{\rho\varphi} = \frac{\sigma}{(\sigma - 1)\varphi} \tag{7.7}$$

將第 (7.7) 式代入第 (7.6) 式，利潤函數改寫為：

$$
\begin{aligned}
\pi_\omega(\varphi) &= p_\omega(\varphi)q_\omega(\varphi) - \left[f + \frac{q_\omega(\varphi)}{\varphi}\right] \\
&= \left[p_\omega(\varphi) - \frac{1}{\varphi}\right]q_\omega(\varphi) - f \\
&= \left[p_\omega(\varphi) - p_\omega(\varphi)\left(1 - \frac{1}{\sigma}\right)\right]q_\omega(\varphi) - f \\
&= \frac{p_\omega(\varphi)q_\omega(\varphi)}{\sigma} - f \\
\therefore \pi_\omega(\varphi) &= \frac{r_\omega(\varphi)}{\sigma} - f
\end{aligned} \tag{7.8}
$$

由於 $r_\omega(\varphi) = \left[\dfrac{p_\omega(\varphi)}{P}\right]^{1-\sigma} R = R(\rho\varphi P)^{\sigma-1}$，故第 (7.8) 式也可以表示為 $\pi_\omega(\varphi) = \dfrac{R(\rho\varphi P)^{\sigma-1}}{\sigma} - f$。其中 $\dfrac{r(\varphi)}{\sigma}$ 或者 $\dfrac{R(\rho\varphi P)^{\sigma-1}}{\sigma}$ 是收益減去變動成本，稱為營業利潤（operating profits）。目前為止，我們可以得到以下兩項性質：

性質 1：如果 $\varphi_1 > \varphi_2$，則 $q(\varphi_1) > q(\varphi_2)$

證明：首先，將 $p_\omega(\varphi) = \dfrac{1}{\rho\varphi}$ 代入第 (7.3) 式得到 $q_\omega(\varphi) = \left[\dfrac{1}{\rho\varphi P}\right]^{-\sigma} Q = (\rho\varphi P)^\sigma Q$，

因此，$q_\omega(\varphi_1) = (\rho\varphi_1 P)^\sigma Q$，同理可得 $q_\omega(\varphi_2) = (\rho\varphi_2 P)^\sigma Q$，故 $\dfrac{q_\omega(\varphi_1)}{q_\omega(\varphi_2)} = \left(\dfrac{\varphi_1}{\varphi_2}\right)^\sigma$。因爲 $\varphi_1 > \varphi_2$，則 $\dfrac{q(\varphi_1)}{q(\varphi_2)} > 1$。

性質 2：如果 $\varphi_1 > \varphi_2$，則 $r(\varphi_1) > r(\varphi_2)$

證明：$r_\omega(\varphi_1) = R(\rho\varphi_1 P)^{\sigma-1}$ 且 $r_\omega(\varphi_2) = R(\rho\varphi_2 P)^{\sigma-1}$，因此 $\dfrac{r_\omega(\varphi_1)}{r_\omega(\varphi_2)} = \left(\dfrac{\varphi_1}{\varphi_2}\right)^{\sigma-1}$。
因爲 $\varphi_1 > \varphi_2$，故 $\dfrac{r(\varphi_1)}{r(\varphi_2)} > 1$。

　　這兩個性質描述的是，消費者對於高生產力廠商所生產的產品需求是較多的，而且高生產力廠商的收入也是較高的。

7.2.3 總合變數

　　令市場上有 M 家的實際營運廠商生產，隱含產品種類有 $M = \Omega$ 項，以下我們省略 ω 的標記。實際營運廠商的生產力 $\varphi \in (0, \infty)$ 服從某一個機率分布，其中機率密度函數爲 $\mu(\varphi)$。在均衡的時候，第 (7.2) 式的複合產品價格改以有實際生產的廠商來描述：

$$P = \left[\int_0^\infty p(\varphi)^{1-\sigma} \cdot M \cdot \mu(\varphi)d\varphi\right]^{\frac{1}{1-\sigma}} \qquad （7.9）$$

　　接著，我們定義 $\tilde{\varphi}$ 是所有 M 家不同廠商生產力程度 φ 的加權平均，即：

$$\tilde{\varphi} = \left[\int_0^\infty \varphi^{\sigma-1}\mu(\varphi)d\varphi\right]^{\frac{1}{\sigma-1}} \qquad （7.10）$$

　　將第 (7.7) 式代入第 (7.9) 式，我們可以重新整理得到：

$$P = \left[\int_0^\infty \left(\frac{\sigma}{(\sigma - 1)\,\varphi} \right)^{1-\sigma} \cdot M \cdot \mu(\varphi)\,d\varphi \right]^{\frac{1}{1-\sigma}}$$

$$= M^{\frac{1}{1-\sigma}} \frac{\sigma}{\sigma - 1} \left[\int_0^\infty \varphi^{\sigma - 1} \cdot \mu(\varphi)\,d\varphi \right]^{\frac{1}{1-\sigma}}$$

$$= M^{\frac{1}{1-\sigma}} \frac{\sigma}{\sigma - 1} \left[\frac{1}{\int_0^\infty \varphi^{\sigma - 1} \cdot \mu(\varphi)\,d\varphi} \right]^{\frac{1}{\sigma - 1}}$$

$$= M^{\frac{1}{1-\sigma}} \frac{\sigma}{\sigma - 1} \left(\frac{1}{\tilde{\varphi}} \right)$$

$$= M^{\frac{1}{1-\sigma}} p(\tilde{\varphi}) \tag{7.11}$$

根據平均生產力的定義，我們也可以用有實際生產的廠商來描述其他總合的變數，複合商品需求 Q、總合收入 R 以及總合利潤 Π，他們分別是：[4]

$$Q = \left[\int_0^\infty q(\varphi)^\rho \cdot M \cdot \mu(\varphi)\,d\varphi \right]^{\frac{1}{\rho}}$$

$$= \left[\int_0^\infty \left(q(\tilde{\varphi}) \left(\frac{\varphi}{\tilde{\varphi}} \right)^\sigma \right)^\rho \cdot M \cdot \mu(\varphi)\,d\varphi \right]^{\frac{1}{\rho}}$$

$$= M^{\frac{1}{\rho}} q(\tilde{\varphi}) \left(\frac{1}{\tilde{\varphi}} \right)^\sigma \left[\int_0^\infty \varphi^{\sigma - 1} \cdot \mu(\varphi)\,d\varphi \right]^{\frac{\sigma}{\sigma - 1}}$$

$$= M^{\frac{1}{\rho}} q(\tilde{\varphi})\, \tilde{\varphi}^{-\sigma}\, \tilde{\varphi}^\sigma$$

$$\therefore Q = M^{\frac{1}{\rho}} q(\tilde{\varphi}) \tag{7.12}$$

4　我們使用在證明性質 1 與性質 2 過程中出現的技巧，例如：$\frac{q(\varphi_1)}{q(\varphi_2)} = \left(\frac{\varphi_1}{\varphi_2} \right)^\sigma$，在這裡我們可以得到，$q(\varphi) = q(\tilde{\varphi}) \left(\frac{\varphi}{\tilde{\varphi}} \right)^\sigma$。

$$R = \int_0^\infty r(\varphi) \cdot M \cdot \mu(\varphi) d\varphi$$

$$\therefore R = Mr(\tilde{\varphi}) \qquad\qquad (7.13)$$

$$\Pi = \int_0^\infty \pi(\varphi) \cdot M \cdot \mu(\varphi) d\varphi$$

$$= \frac{1}{\sigma} \int_0^\infty r(\varphi) \cdot M \cdot \mu(\varphi) d\varphi - Mf$$

$$= M\left[\frac{r(\tilde{\varphi})}{\sigma} - f\right]$$

$$\therefore \Pi = M\pi(\tilde{\varphi}) \qquad\qquad (7.14)$$

因此，當廠商的生產力剛好是平均生產力的時候，我們可以得到平均生產力廠商的收益以及利潤，分別是 $\bar{r} = R/M = r(\tilde{\varphi})$ 且 $\bar{\pi} = \Pi/M = \pi(\tilde{\varphi})$。

7.2.4 廠商進入與退出市場

在前面小節，我們尚未處理潛在廠商如何決定進入或退出市場，接下來我們將說明這些設定。假設有許多潛在的廠商考量是否要進入市場生產。為了進入市場，廠商必須先支付初期的投資以瞭解自己的生產力大小，我們設定此初期的投資為一項以勞動力衡量的固定進入成本 $f_e > 0$，此進入成本是沉沒成本（sunk cost），因為如果廠商支付進入成本後知道自己的生產力太低而歇業，進入成本也不會返還給廠商。支付進入成本後，廠商取得的生產力大小是隨機的，其中生產力在 $(0, \infty)$ 範圍內服從某一個機率分配，其機率密度函數為 $g(\varphi)$，而累積機率密度函數則是 $G(\varphi)$。須注意，這裡與前面小節不同的是，前面小節指的是在均衡時實際營運的廠商，這裡則是包含進入市場後決定歇業的廠商。

在低生產力的情況下，廠商可能會決定立即退出而不生產。如果廠商進入市場並且營運，在每一個時期獲得的利潤是 $\pi(\varphi)$。然而無論生產力如何，都有迫使實際營運的廠商退出市場的嚴重衝擊，此衝擊的機

率爲一個固定的常數 δ。這裡僅考慮總合變數隨時間保持不變的定態均衡。由於每個廠商的生產力不會隨時間變化，因此其每期最大利潤也將保持不變。廠商的價值函數爲：

$$v(\varphi) = \max \left\{ 0, \sum_{t=0}^{\infty} (1-\delta)^t \pi(\varphi) \right\}$$

$$= \max \left\{ 0, \frac{\pi(\varphi)}{\delta} \right\} \qquad (7.15)$$

如果我們考慮靜態的情形，而不考慮實際營運的廠商在每期有機率會退出市場，則第 (7.15) 式可以改寫爲：

$$v(\varphi) = \max \{ 0, \pi(\varphi) \} \qquad (7.16)$$

第 (7.15) 式指出，廠商利潤爲負時，$\pi(0) = -f < 0$，不會有生產行爲，這隱含利潤爲負的廠商其生產力未能達到生產力門檻 φ^*。換言之，當廠商生產力剛好等於生產力門檻的時候：

$$\pi(\varphi^*) = 0 \ \text{或} \ r(\varphi^*) = \sigma f \qquad (7.17)$$

當廠商的生產力 $\varphi \geq \varphi^*$，則這些廠商是有實際營運的廠商，第 (7.17) 式被稱爲零利潤條件（zero cutoff profits condition, ZCP）。爲描述實際營運廠商與生產力的關係，以下爲實際營運廠商的機率密度函數：

$$\mu(\varphi)=\begin{cases}\dfrac{g(\varphi)}{1-G(\varphi^{*})}\,,&\varphi\geq\varphi^{*}\\0\,,&\varphi<\varphi^{*}\end{cases}\qquad(7.18)$$

　　上式呈現實際營運廠商的機率密度函數 $\mu(\varphi)$ 與所有廠商的機率密度函數 $g(\varphi)$ 存在一個比例的關係，我們以圖 7.1 說明這個關係。由於 $\mu(\varphi)$ 代表有實際營運的廠商的機率密度函數，因此，以 $\mu(\varphi)$ 來計算所有實際營運的廠商機率值為 1，但是，由於 $g(\varphi)$ 描述的對象包含實際營運的廠商以及退出市場的廠商，因此，以 $g(\varphi)$ 來計算所有實際營運的廠商機率值應是 $1-G(\varphi^{*})<1$。為了讓以 $g(\varphi)$ 計算的所有實際營運的廠商機率值總和為 1，我們以 $1-G(\varphi^{*})$ 來標準化在範圍 $\varphi\geq\varphi^{*}$ 的生產力以 $g(\varphi)$ 來計算的機率值，最後我們可以得到第 (7.18) 式。數學過程請參考章末附錄 7.A.1。

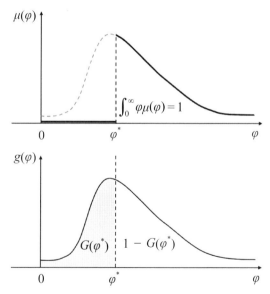

圖 7.1　分別以 $\mu(\varphi)$ 以及 $g(\varphi)$ 計算實際營運廠商的機率值

將第 (7.18) 式代入第 (7.10) 式，則平均生產力 $\tilde{\varphi}$ 可以改寫成：

$$\tilde{\varphi}\,(\varphi^*) = \left[\frac{1}{1-G(\varphi^*)} \int_{\varphi^*}^{\infty} \varphi^{\sigma-1}g(\varphi)d\varphi\right]^{\frac{1}{\sigma-1}} \tag{7.19}$$

這表示平均生產力是由生產力門檻 φ^* 決定。

7.2.5 封閉經濟均衡

由於平均生產力是被生產力門檻 φ^* 決定，因此，平均生產力廠商的收益也被生產力門檻所決定：

$$\bar{r} = r(\tilde{\varphi}) = r(\varphi^*)\left(\frac{\tilde{\varphi}(\varphi^*)}{\varphi^*}\right)^{\sigma-1} \tag{7.20}$$

另外，透過第 (7.17) 式（即 ZCP），$r(\varphi^*) = \sigma f$，我們能夠得到平均生產力廠商的利潤是：

$$\begin{aligned}
\bar{\pi} = \pi(\tilde{\varphi}) &= \frac{r(\tilde{\varphi})}{\sigma} - f = \frac{r(\varphi^*)}{\sigma}\left(\frac{\tilde{\varphi}(\varphi^*)}{\varphi^*}\right)^{\sigma-1} - f \\
&= \frac{\sigma f}{\sigma}\left(\frac{\tilde{\varphi}(\varphi^*)}{\varphi^*}\right)^{\sigma-1} - f \\
&= f\left\{\left(\frac{\tilde{\varphi}(\varphi^*)}{\varphi^*}\right)^{\sigma-1} - 1\right\} = f \cdot k(\varphi^*)
\end{aligned} \tag{7.21}$$

其中 $k(\varphi^*) = \left(\frac{\tilde{\varphi}(\varphi^*)}{\varphi^*}\right)^{\sigma-1} - 1$。亦即，平均生產力廠商的利潤也可被生產力門檻決定。接著，我們求解平均生產力廠商進入市場的價值函數 $\bar{v}$。將第 (7.15) 式改寫為：

$$\bar{v} = \frac{\bar{\pi}}{\delta} \qquad (7.22)$$

另外，潛在廠商的期望利潤為：

$$[1 - G(\varphi^*)] \frac{\bar{\pi}}{\delta} + G(\varphi^*) \times 0 = [1 - G(\varphi^*)] \frac{\bar{\pi}}{\delta} \qquad (7.23)$$

我們定義 v_e 為廠商支付進入成本的淨價值，即：

$$v_e = [1 - G(\varphi^*)] \frac{\bar{\pi}}{\delta} - f_e \qquad (7.24)$$

當 $v_e < 0$，潛在廠商的期望利潤低於進入成本，則不會有潛在廠商願意支付進入成本，並成功地進入市場；當 $v_e \geq 0$，潛在廠商的期望利潤大於或等於進入成本，有潛在廠商願意支付進入成本，並且有機會成功地實際營運，其中 $v_e = 0$ 代表自由進入條件（free entry condition, FEC），即：

$$\bar{\pi} = \frac{\delta f_e}{1 - G(\varphi^*)} \qquad (7.25)$$

第 (7.25) 式表示在長期的時候，願意或不願意支付進入成本對於生產力 φ^* 的潛在廠商而言是無差異的。另外，第 (7.25) 式顯示當生產力門檻愈高，潛在廠商成功地營運的機率愈小，因此期望利潤也需要愈高。最後在均衡的時候，透過第 (7.21) 式以及第 (7.25) 式得到均衡時，生產力門檻以及平均生產力的利潤，如圖 7.2 所示；其中第 (7.21) 式是負斜率的曲線，因為生產力 φ^* 的廠商收入固定在 σf，隨著生產力門檻的提高，使得平均生產力的收入 $\bar{r}$ 隨之減少，同時平均生產力的利潤 $\bar{\pi}$

也隨之下降。[5]

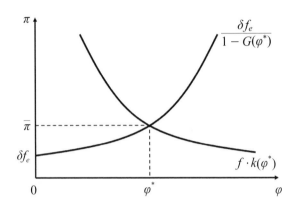

圖 7.2　封閉經濟均衡

　　接著，以下將求解勞動市場均衡以及均衡時廠商家數與物價指數。統整一下前面提到的，廠商僱用勞動分別從事的工作有：1. 新進廠商對於投資研發以取得生產力技術的勞動需求；2. 從事生產工作的勞動需求。因此，以整個勞動市場來說，勞動供給等於勞動需求可以表示為：

$$L = L_e + L_p \qquad (7.26)$$

　　研發勞工薪資總和為 $wL_e = M_e f_e$，其中，M_e 表示每個時期所有新進廠商家數。生產勞工薪資總和為 $wL_p = R - \Pi$。由於勞工薪資 w 假設為 1，因此，研發勞工總人數 $L_e = M_e f_e$，而生產勞工總人數 $L_p = R - \Pi$。又因為每個時期有 δM 家廠商從市場上被淘汰，均衡的時候，每個時期新進廠商成功進入市場的家數會等於被市場淘汰的廠商家數，即

$[1 - G(\varphi^*)]M_e = \delta M$，則可以得到 $M_e = \dfrac{\delta M}{1 - G(\varphi^*)}$，以及 $L_e = \dfrac{\delta M}{1 - G(\varphi^*)} f_e$。

根據第 (7.24) 式，$L_e = M\pi = \Pi$。我們將這個結果代回到第 (7.26) 式，得到：

$$L = L_e + L_p = \Pi + L_p = R \qquad （7.27）$$

則，

$$L = R = Mr(\tilde{\varphi})$$
$$\Rightarrow M = \frac{R}{r(\tilde{\varphi})} = \frac{R}{\bar{r}} \qquad （7.28）$$

均衡時，物價指數為：

$$P = M^{\frac{1}{1-\sigma}} p(\tilde{\varphi}) = \frac{M^{\frac{1}{1-\sigma}}}{\rho\tilde{\varphi}} \qquad （7.29）$$

最後，每位勞工的福利以實質薪資 w/P 衡量得到 $M^{\frac{1}{1-\sigma}}\rho\tilde{\varphi}$，這表示因為產品項目的增加以及平均生產力的增加，每位勞工的福利在愈大的國家是愈高的。

7.3 開放經濟

7.3.1 模型設定

在開放經濟體系，部分廠商能夠出口商品至其他國家，這時他們必須面對的成本除了運輸成本或關稅以外，還有一些不隨出口量變化的固

定成本，例如：廠商需要找到外國的買家，並向他們介紹他的產品，以及學習瞭解外國市場。這些都是必須研究外國法規環境以及調整商品以確保符合外國的標準，例如：包裝、檢驗標準或必要的產品須知等等。在這裡，Melitz（2003）指出，有關廠商層級的實證研究顯示在出口狀態（export status）與生產力之間有強烈且穩健的（robust）關聯，並且指出進入外國市場的決定是在廠商取得它的生產力訊息之後。在本小節，我們說明開放經濟的模型設定，下一小節則探討開放經濟的均衡。由於大部分的設定與封閉經濟相同，因此這裡僅介紹廠商生產成本的設定。

假設世界上存在 $n + 1 \geq 2$ 個同質的國家，廠商可以出口商品至 n 個國家的市場，這一假設是為了確保各國薪資均衡，我們標準化薪資為 1，使得廠商是否出口的決定與工資差異無關。接著，以下描述的下標 d 表示為與國內有關的變數，下標 x 表示為與國外（出口）有關的變數。當廠商出口商品時，他不僅要面對運輸成本（採冰山成本形式，運送 $\tau > 1$ 單位的產品只有一單位到達目的地），並且出口商品的固定勞動力投入是 $f_x > f > 0$（以下我們稱出口成本）。當廠商只有在國內市場販售產品時，根據第 (7.4) 式以及第 (7.7) 式，他的收益函數為：

$$r_d(\varphi) = R(P\rho\varphi)^{\sigma-1} \tag{7.30}$$

當廠商出口商品至一個國外市場販售，其收益函數為：

$$r_x(\varphi) = \tau^{1-\sigma}R(P\rho\varphi)^{\sigma-1} = \tau^{1-\sigma}r_d(\varphi) \tag{7.31}$$

根據第 (7.8) 式，這兩種情況下的利潤函數分別是：

$$\pi_d(\varphi) = \frac{r_d(\varphi)}{\sigma} - f \qquad (7.32)$$

$$\pi_x(\varphi) = \frac{r_x(\varphi)}{\sigma} - f_x \qquad (7.33)$$

因此，當營運廠商具有生產力 φ 時，他的收益函數以及利潤函數分別是：

$$r(\varphi) = \begin{cases} r_d(\varphi) & \text{廠商不出口} \\ r_d(\varphi) + nr_x(\varphi) = (1 + \tau^{1-\sigma})\, r_d(\varphi) & \text{廠商出口} \end{cases} \qquad (7.34)$$

$$\pi(\varphi) = \pi_d(\varphi) + \max\{0,\, n\pi_x(\varphi)\} \qquad (7.35)$$

與封閉經濟一樣，廠商進入市場的價值函數是：

$$v(\varphi) = \max\left\{0,\, \frac{\pi(\varphi)}{\delta}\right\} \qquad (7.36)$$

則生產力的進入門檻 φ^* 以及出口門檻 φ_x^* 分別為：[6]

$$\varphi^* = \inf\{\varphi : v(\varphi) > 0\} \qquad (7.37)$$

$$\varphi_x^* = \inf\{\varphi : \varphi \geq \varphi^* \text{ and } \pi_x(\varphi) > 0\} \qquad (7.38)$$

第 (7.37) 式是指讓 $v(\varphi) > 0$ 成立的生產力集合裡的最小生產力，即為生產力的進入門檻 φ^*；第 (7.38) 式則是指 $\varphi \geq \varphi^*$ 且讓 $\pi_x(\varphi) > 0$ 成立的生產力集合裡的最小生產力，即為出口門檻 φ_x^*。另外，由於出口廠

6　原文這裡使用的數學關係式 inf 意思是 infimum（最大下確界），我們透過簡單的例子說明 infimum 的概念，例如：一個集合有 1、2、3 這些元素，則 $\inf\{1,2,3\} = 1$。

商面對需要支付更高的固定成本，這隱含 $\varphi_x^* > \varphi^*$。[7] 接下來，能夠在國內市場實際營運的機率密度函數即為第 (7.18) 式，其中所有國內市場實際營運的機率值為 $1 - G(\varphi^*)$。而所有實際營運的出口廠商機率值為 $1 - G(\varphi_x^*)$，因此，實際營運的出口廠商機率為：

$$p_x = \frac{1 - G(\varphi_x^*)}{1 - G(\varphi^*)}　　　　　　(7.39)$$

在廠商家數方面，令 M 為在任意一國裡實際營運廠商的均衡數量，而 $M_x = p_x M$ 代表該國出口廠商家數。在任一個國家，消費者可以購買產品項目總數有 $M_t = M + nM_x$ 種項目。

最後，我們令 $\tilde{\varphi} = \tilde{\varphi}(\varphi^*)$ 以及 $\tilde{\varphi}_x = \tilde{\varphi}(\varphi_x^*)$ 分別為所有未出口廠商的平均生產力以及所有出口廠商的平均生產力。又令 $\tilde{\varphi}_t$ 為一個國家所有廠商的加權平均生產力，則：

$$\tilde{\varphi}_t = \left[\frac{M}{M_t} \tilde{\varphi}^{\sigma - 1} + n \frac{M_x}{M_t} (\tau^{-1} \tilde{\varphi}_x)^{\sigma - 1} \right]^{\frac{1}{\sigma - 1}}　　　(7.40)$$

此外，物價指數、總合收益以及每位勞工的福利水準分別是：

$$P = M_t^{\frac{1}{1 - \sigma}} p(\tilde{\varphi}_t) = \frac{M_t^{\frac{1}{1 - \sigma}}}{\rho \tilde{\varphi}_t}　　　　(7.41)$$

$$R = M_t r_d(\tilde{\varphi}_t)　　　　　　(7.42)$$

7　這項不等式的證明透過性質 2，$\dfrac{r_x(\varphi_x^*)}{r_d(\varphi^*)} = \tau^{1-\sigma} \left(\dfrac{\varphi_x^*}{\varphi^*} \right)^{\sigma-1} = \dfrac{f_x}{f}$，我們可以得到出口門檻為 $\varphi_x^* = \varphi^* \tau \left(\dfrac{f_x}{f} \right)^{1/(\sigma-1)}$，因此得到 $\varphi_x^* > \varphi^*$。

$$W = \frac{R}{L} M_t^{\frac{1}{\sigma-1}} \rho \widetilde{\varphi}_t \qquad (7.43)$$

最後，平均收益以及平均利潤分別是：

$$\bar{r} = r_d(\widetilde{\varphi}) + p_x n r_x(\widetilde{\varphi}_x) \qquad (7.44)$$

$$\bar{\pi} = \pi_d(\widetilde{\varphi}) + p_x n \pi_x(\widetilde{\varphi}_x) \qquad (7.45)$$

7.3.2 開放經濟均衡

在這一節，與封閉經濟相似，求解均衡時需要兩個條件：零利潤條件以及自由進入條件。由於過程與封閉經濟均衡類似，不再呈現詳細的過程。首先，零利潤條件隱含：

$$r_d(\varphi^*) = \sigma f \text{ 且 } \frac{r_d(\widetilde{\varphi})}{r_d(\varphi^*)} = \left(\frac{\widetilde{\varphi}(\varphi^*)}{\varphi^*}\right)^{\sigma-1} \qquad (7.46)$$

則未出口廠商在平均生產力的收入以及利潤分別是：

$$r_d(\widetilde{\varphi}) = \left[\frac{\widetilde{\varphi}(\varphi^*)}{\varphi^*}\right]^{\sigma-1} \sigma f \qquad (7.47)$$

$$\pi_d(\widetilde{\varphi}) = f\left\{\left[\frac{\widetilde{\varphi}(\varphi^*)}{\varphi^*}\right]^{\sigma-1} - 1\right\} = fk(\varphi^*) \qquad (7.48)$$

藉由類似的方式，出口廠商在平均生產力下從一個國外市場所得到的利潤則是：

$$\pi_x(\tilde{\varphi}_x) = f_x \left\{ \left[\frac{\tilde{\varphi}_x(\varphi_x^*)}{\varphi_x^*} \right]^{\sigma-1} - 1 \right\} = f_x\, k(\varphi_x^*) \qquad (7.49)$$

因此，將第 (7.48) 式與第 (7.49) 式分別代入第 (7.45) 式的 $\pi_d(\tilde{\varphi})$ 與 $\pi_x(\tilde{\varphi}_x)$ 得到：

$$\bar{\pi} = fk(\varphi^*) + p_x nf_x\, k(\varphi_x^*) \qquad (7.50)$$

第 (7.50) 式爲開放經濟的平均生產力廠商的利潤。我們比較第 (7.50) 式以及第 (7.21) 式，開放經濟下，平均利潤多了 $p_x nf_x\, k(\varphi_x^*)$；換言之，相對於封閉經濟而言，開放經濟的平均利潤是比較高的。最後，在開放經濟裡自由進入條件與第 (7.25) 式相同。因此，在均衡時，透過第 (7.25) 式以及第 (7.50) 式可以求解生產力進入門檻以及平均利潤如圖 7.3，其中下標 a 代表封閉經濟均衡的變數。從圖 7.3 可以觀察到，在開放經濟下，生產力的進入門檻比封閉經濟爲高。

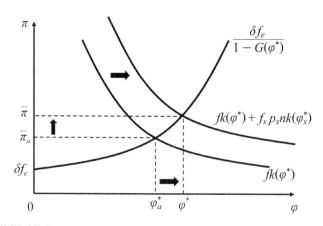

圖 7.3　開放經濟均衡

開放經濟的勞動市場均衡與封閉經濟的勞動市場均衡一樣，故 $L = R$，我們可以得到廠商家數、產品項目總數以及物價指數分別為：

$$M = \frac{R}{r} \text{，} M_t = (1 + np_x) M \text{，} P = \frac{M_t^{\frac{1}{1-\sigma}}}{\rho \tilde{\varphi}_t} \qquad （7.51）$$

7.4 貿易自由化的影響

　　在開放貿易後，雖然平均利潤是增加的，但同時生產力的進入門檻也隨之增加，這衍生一個問題是，是不是所有的廠商因為可以出口貿易之後利潤都增加了？礙於篇幅的關係，這裡我們藉由圖 7.4 來說明。

　　圖 7.4(a) 呈現封閉經濟與開放經濟時廠商收益與生產力的關係。黑色線代表封閉經濟的廠商收益，灰色線則是開放經濟的廠商收益。圖 7.4(a) 顯示只在國內市場販售商品的廠商收益在開放經濟時比封閉經濟時為低，另一方面，生產力高於出口門檻的廠商成為出口廠商，其收益比封閉經濟時的收益多，這反映市占率（market share）的移轉結果。當國家開放貿易後，國內市場的廠商除了面對本國的廠商競爭以外，還需要面對國外廠商的競爭，因此未出口的廠商在本國市占率降低。此外，生產力 $\varphi \in [\varphi_a^*, \varphi^*]$ 的廠商在自由貿易後無法營運而退出市場。

　　接著，圖 7.4 (b) 則是比較封閉經濟與開放經濟的利潤，分成三個不同的區間來分析廠商在貿易自由化以後利潤的增減。在區間 I，生產力 $\varphi \geq \varphi_x^{**}$ 的廠商在開放貿易後獲得較多的市占率，因此有更多利潤；在區間 II，儘管生產力 $\varphi \in [\varphi_x^*, \varphi_x^{**})$ 的廠商仍在出口並增加其市場份額，但是開放貿易後反而獲得比貿易前更少的利潤；在區間 III，生產力 $\varphi \in [\varphi^*, \varphi_x^*)$ 的廠商只在國內市場販售，面對國外廠商的競爭而減少市占率，也使得利潤在開放貿易後變少；最後，生產力 $\varphi \in (0, \varphi^*)$ 的廠

商無法在市場營運，其中生產力 $\varphi \in (\varphi_a^*, \varphi^*)$ 表示因為貿易過後而被淘汰。總而言之，儘管平均利潤增加，我們從圖 7.4 可以清楚的瞭解到，未必所有廠商利潤都會增加，可能有部分生產力低的廠商在開放貿易後退出市場，並且廠商的市占率會重新分配。

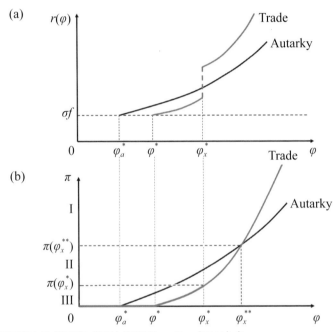

圖 7.4　貿易自由化的影響〔圖片修改自 Melitz（2003）〕

7.A 附錄

7.A.1 第 (7.18) 式推導

　　$g(\varphi)$ 代表潛在廠商的機率密度函數，我們可以得到所有潛在廠商出現的機率值：

$$\int_0^\infty \varphi g(\varphi)d\varphi = 1 \qquad （7.A.1）$$

由於生產力是連續的隨機變數，我們可以改寫成：

$$\int_0^{\varphi^*} \varphi g(\varphi)d\varphi + \int_{\varphi^*}^\infty \varphi g(\varphi)d\varphi = 1 \qquad （7.A.2）$$

令 $G(\varphi^*) = \int_0^{\varphi^*} \varphi g(\varphi)d\varphi$，則成功進入市場而有實際營運的廠商機率值爲：

$$\int_{\varphi^*}^\infty \varphi g(\varphi)d\varphi = 1 - G(\varphi^*) \qquad （7.A.3）$$

接下來，我們求實際營運的機率密度函數。將第 (7.A.3) 式標準化爲 1 得到：

$$\frac{1}{1 - G(\varphi^*)} \int_{\varphi^*}^\infty \varphi g(\varphi)d\varphi = \int_{\varphi^*}^\infty \varphi \frac{g(\varphi)}{1 - G(\varphi^*)} d\varphi = 1 \qquad （7.A.4）$$

則實際營運的機率密度函數爲：

$$\mu(\varphi) = \frac{g(\varphi)}{1 - G(\varphi^*)} \qquad （7.A.5）$$

7.A.2 第 (7.21) 式是負斜率

在均衡時，$\dfrac{\delta f_e}{1 - G(\varphi^*)} = f \cdot k(\varphi^*)$，可以改寫成 $\delta f_e = f \cdot [1 - G(\varphi^*)] \cdot k(\varphi^*)$，其中 $[1 - G(\varphi^*)] \cdot k(\varphi^*)$ 在 $(0, \infty)$ 的區間是從無限大到零的單調遞減

（monotonically decreasing）。我們定義 $j(\varphi^*)=[1-G(\varphi^*)]\cdot k(\varphi^*)$，將 $j(\varphi^*)$ 對 φ^* 取一階導數得到：

$$\frac{dj(\varphi^*)}{d\varphi^*}=-g(\varphi^*)k(\varphi^*)+[1-G(\varphi^*)]k'(\varphi^*) \qquad（7.A.6）$$

其中 $k'(\varphi^*)=(\sigma-1)\left[\dfrac{\tilde{\varphi}(\varphi^*)}{\varphi^*}\right]^{\sigma-2}\dfrac{\tilde{\varphi}'(\varphi^*)\varphi^*-\tilde{\varphi}(\varphi^*)}{(\varphi^*)^2}$ ， $\tilde{\varphi}'(\varphi^*)=\dfrac{d\tilde{\varphi}}{d\varphi^*}$ 。在第 (7.A.6) 式中，右手邊第一項小於零，而第二項則需要進一步判斷 $\tilde{\varphi}'(\varphi^*)$ 符號。回憶一下 $\tilde{\varphi}=\left[\dfrac{1}{1-G(\varphi^*)}\displaystyle\int_{\varphi^*}^{\infty}\varphi^{\sigma-1}g(\varphi)d\varphi\right]^{\frac{1}{\sigma-1}}$，可進一步改寫成：

$$(\tilde{\varphi})^{\sigma-1}=[1-G(\varphi^*)]^{-1}\int_{\varphi^*}^{\infty}\varphi^{\sigma-1}g(\varphi)d\varphi \qquad（7.A.7）$$

將第 (7.A.7) 式對 φ^* 取一階導數[8]：

$$\frac{d(\tilde{\varphi})^{\sigma-1}}{d\varphi^*}=-1\cdot g(\varphi^*)[1-G(\varphi^*)]^{-2}\int_{\varphi^*}^{\infty}\varphi^{\sigma-1}g(\varphi)d\varphi$$

$$-[1-G(\varphi^*)]^{-1}[(\varphi^*)^{\sigma-1}g(\varphi^*)]$$

$$\therefore \frac{d(\tilde{\varphi})^{\sigma-1}}{d\varphi^*}<0 \Rightarrow \tilde{\varphi}'(\varphi^*)=\frac{d\tilde{\varphi}}{d\varphi^*}<0 \qquad（7.A.8）$$

因此，$k'(\varphi^*)<0$、$\dfrac{dj(\varphi^*)}{d\varphi^*}<0$，第 (7.21) 式在圖 7.2 中是負斜率。

....

8　這裡使用的微分公式是 $d\left[\displaystyle\int_a^b f(x)dx\right]/da=-f(a)$。

參考文獻

Aw, B.-Y. and Hwang, A. R. (1995). Productivity and the export market: A firm-level analysis. *Journal of Development Economics*, *47*(2), 313-332. https://doi.org/10.1016/0304-3878(94)00062-H

Axtell, R. L. (2001). Zipf distribution of US firm sizes. *Science*, *293*(5536), 1818-1820. https://doi.org/10.1126/science.1062081

Baldwin, R. E. and Okubo, T. (2006). Heterogeneous firms, agglomeration and economic geography: Spatial selection and sorting. *Journal of Economic Geography, 6*(3), 323-346. https://doi.org/10.1093/jeg/lbi020

Bernard, A. B. and Jensen, J. B. (1995). Exporters, jobs, and wages in US manufacturing: 1976-1987. *Brookings Papers on Economic Activity. Microeconomics*, 67-112.

Bernard, A. B. and Jensen, J. B. (1997). Exporters, skill upgrading, and the wage gap. *Journal of International Economics*, *42*(1-2), 3-31. https://doi.org/10.1016/S0022-1996(96)01431-6

Bernard, A. B. and Jensen, J. B. (1999). Exceptional exporter performance: Cause, effect, or both? *Journal of International Economics*, *47*(1), 1-25. https://doi.org/10.1016/S0022-1996(98)00027-0

Chaney, T. (2008). Distorted gravity: The intensive and extensive margins of international trade. *The American Economic Review*, *98*(4), 1707-1721. https://doi.org/10.1257/aer.98.4.1707

Helpman, E., Melitz, M. J., and Yeaple, S. R. (2004). Export versus FDI with heterogeneous firms. *The American Economic Review*, *94*(1), 300-316. https://doi.org/10.1257/000282804322970814

Krugman, P. R. (1979). Increasing returns, monopolistic competition, and international trade. *Journal of International Economics, 9*(4), 469-479.

Krugman, P. R. (1980). Scale economies, product differentiation, and the pattern of trade. *The American Economic Review, 70*(5), 950-959.

Krugman, P. R. (1991). Increasing returns and economic geography. *Journal of Political Economy, 99*(3), 483-499.

Melitz, M. J. (2003). The impact of trade on intra-industry reallocations and aggregate industry productivity. *Econometrica, 71*(6), 1695-1725. https://doi.org/10.1111/1468-0262.00467

Melitz, M. J. and Redding, S. J. (2014). Heterogeneous Firms and Trade. In G. Gopinath, Helpman, E., Rogoff, K. (Ed.). *Handbook of International Economics* (pp. 1-54): Elsevier.

Pavcnik, N. (2002). Trade liberalization, exit, and productivity improvements: Evidence from Chilean plants. *The Review of Economic Studies, 69*(1), 245-276. https://doi.org/10.1111/1467-937X.00205

第 8 章 ｜ 空間選擇與空間排序

8.1 前言

　　第 3 章至第 7 章介紹的模型都是假設廠商沒有生產力差異，然而，實證上廠商的生產力差異是存在的。此外，大型廠商更有可能出現在專門從事特定行業的群聚區域（Lafourcade and Mion, 2003）。Baldwin and Okubo（2006）提出的經濟地理模型，成功整合 Melitz（2003）架構與 NEG 架構，其中他們採用的 NEG 架構是第 3 章所介紹的隨處資本模型（Martin and Rogers, 1995）。他們想要回答的問題是，為什麼在核心區域（大城市）的廠商往往高於平均的生產力？[1] 與生產力較低的廠商相比，生產力高的廠商受到更強的聚集力量和更弱的分散力量的影響。由於生產力高的廠商邊際成本較低，它們往往會銷售更多產品，因此在更大的市場上運作的聚集力量對高生產力的廠商更具吸引力。同樣，這些廠商的高生產力也意味著它們受到其他廠商的競爭（即分散力量）較少。顯然，就廠商層面的生產力而言，廠商從邊陲區域向核心區域的遷廠涉及空間選擇（spatial selection）。他們的結論指出，最具生產力的廠商最早選擇進入核心區域。除此之外，第二項結果是，若區域政策採取生產補貼的時候，反而激勵在核心區域裡低生產力的廠商離開核心區域，因為他們離開核心區域的機會成本最低。因此，其空間排序（spatial sorting）為高生產力廠商在核心區域，而低生產力廠商則在邊陲區域。[2]

　　然而，後續有文章（Forslid and Okubo, 2015; 2021）卻得出不同的空間排序。Forslid and Okubo（2015）在 Baldwin and Okubo（2006）

1　這項觀察被一些最近的實證文獻（Combes et al., 2012; Rosenthal and Strange, 2020; Lavoratori and Castellani, 2021）支持。
2　須注意的是，不同於過往 NEG，本章的邊陲區域仍有廠商。核心區域與邊陲區域的區別則是以勞動以及資本稟賦的大小區分，較多稟賦的區域稱為核心區域，相對較少的則是邊陲區域。

的架構下考慮運輸規模經濟，而非冰山成本。他們的空間排序是：高生產力與低生產力廠商在邊陲區域，而中等生產力廠商則是在核心區域。這是因為高生產力廠商的出貨量大而獲得低運費，以至於運輸成本對於高生產力廠商而言相對不是重要的。這顯示運輸規模經濟讓高生產力廠商弱化選擇位於核心區域的趨勢。Fukao et al.（2011）以及 Okubo and Tomiura（2015）的實證結果，支持高生產力廠商位在邊陲區域。不同於 Baldwin and Okubo（2006），Forslid and Okubo（2021）採用隨處企業家的架構（FE 模型）與 Melitz（2003）模型整合，其中廠商即為技術勞工。[3] 他們的空間排序與 Baldwin and Okubo（2006）相反，低生產力廠商在核心區域，而高生產力廠商則是在邊陲區域。他們指出，這是因為低生產力技術勞工沒有多少收入可以用於購買同質（農）商品，因此他們對差異化商品的價格指數變得相對敏感，以至於比起高生產力的技術勞工而言，他們有強烈的動機遷廠至有較低價格指數的核心區域。Forslid and Okubo（2021）的研究結果符合美國的城市，比起郊區而言有較多的貧窮人口（Glaeser et al., 2008）。[4]

以下我們僅介紹 Baldwin and Okubo（2006）如何整合 Melitz（2003）以及 Martin and Rogers（1995）。至於 Forslid and Okubo（2015; 2021）採用的整合方式以及分析內容是類似的，因此我們不在此說明。

⋯⋯

3　須注意 Forslid and Okubo（2021, p. 472-473）採用 Pflüger（2004）的架構，而非 Forslid and Ottaviano（2003）的架構。此外，Pflüger（2004）與 Forslid and Ottaviano（2003）這兩篇文章都有區分勞工為技術勞工與非技術勞工，差異在於效用函數設定：Pflüger（2004）為準線性函數，Forslid and Ottaviano（2003）則是 Cobb-Douglas 函數。

4　在美國，窮人在城市超過 19%，但在郊區只有 7.5%（Glaeser et al., 2008）。

8.2 模型設定

　　一個經濟體有兩個區域（$i = 1, 2$），以及兩個部門（製造業部門以及農業部門）。每個區域擁有兩種要素稟賦，即實體資本 K 以及勞動力 L。假設資本可以在區域間自由移動，勞工則不能在區域間移動，且每個區域有 $L_i = 1$ 單位的勞工。換言之，資本擁有者雖然無法在區域間移動，但是，他能夠收取來自其他區域廠商提供的資本報酬。另外，我們假設區域 1 的資本以及勞動力稟賦都比區域 2 而言來得多，但其他如消費者偏好、農業生產技術與貿易開放在每個區域是相同的。

8.2.1 家戶

　　假設代表性消費者的效用函數爲以下的準線性函數：

$$U_i = \mu \ln C_{Mi} + C_{Ai} \text{，} 0 < \mu < 1 \text{，} i = 1, 2 \tag{8.1}$$

　　其中，C_{Mi} 以及 C_{Ai} 分別是製造業商品以及農產品的消費量。$C_{Mi} = \left(\int_0^N c_i(s)^{(\sigma-1)/\sigma} ds \right)^{\sigma/(\sigma-1)}$ 爲多樣的製造業商品 $s \in [0,N]$ 的複合產品，$c_i(s)$ 爲製造業商品 s 的消費量，$\sigma > 1$ 爲替代彈性。我們假設農產品價格爲 1。此外，P_i 爲製造業商品的價格指數，Y_i 爲要素所得，則預算限制式爲：

$$P_i C_{Mi} + C_{Ai} = Y_i \text{，} i = 1, 2 \tag{8.2}$$

8.2.2 農業部門

　　農業部門假設爲固定規模報酬的生產技術以及在完全競爭市場的環境下，生產一單位同質的農產品只需要一單位勞工投入。此外，農產品在區域間的運輸成本相當地小而忽略不計。另外，假設農產品價格標準

化爲 1。

8.2.3 製造業部門

　　與過往 NEG 模型相同的是，我們假設製造業部門的廠商有規模報酬遞增的技術，並且他們面對獨占性競爭市場，而運送他們的商品須負擔運輸成本（冰山成本）。然而，以下設定則與過往 NEG 模型不同。假設每家廠商生產一單位產品時需要一單位的資本以及 a 單位的勞工，而每一家廠商的生產力都不相同，且生產力愈高的廠商，需要的勞工愈少。接著，假設生產力（或邊際成本）服從 Pareto 分布，而 a 爲隨機變量（random variable），累積分布函數爲：

$$G(a) = \left(\frac{a}{a_0}\right)^{\rho},\ a_0 \geq a > 0,\ \rho \geq 1 \tag{8.3}$$

　　其中，a_0 表示最低生產力水準，ρ 代表描述 Pareto 分布的形狀參數。在圖 8.1 中每條曲線下的面積代表著廠商出現的機率，形狀參數的意義在於控制邊際成本 a 的廠商出現機率，灰色線代表 $\rho = 6$，而黑色線代表 $\rho = 3$。從圖中可以觀察到，$a > 0.2$ 時，灰色線下的面積較黑色線下的面積小，更加集中在這些較低生產力水準上。另外，不失一般性，將最低生產力水準 a_0 標準化爲 1。需注意的是，與 Melitz（2003）不同的是，在這裡只要貿易成本有限，所有的廠商都會在兩個市場上銷售，並未考慮到出口門檻的情況。

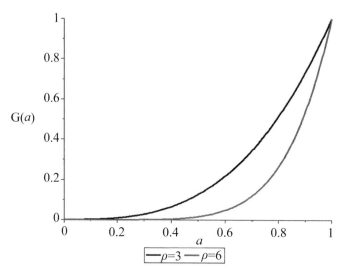

圖 8.1　第 (8.3) 式 Pareto 機率函數

在區域 i 生產的每家廠商 s 的利潤函數為：

$$\Pi_i(a) = p_i c_i + p_j c_j - wac_i - wa\tau c_j - r_i \text{，} i, j = 1, 2 \tag{8.4}$$

其中 p_i 以及 p_j 分別是在區域 i 以及區域 j 的售價，c_i 以及 c_j 分別是在區域 i 以及區域 j 的供給量，w 為薪資並標準化為 1，即 $w = 1$，r_i 代表資本報酬，$\tau > 1$ 為冰山形式的運輸成本，代表運送產品 $\tau > 1$ 單位至目的地只剩一單位，消失的部分即為運輸成本。最後，我們假設遷廠成本 δ 取決於遷廠的廠商家數 m，具體來說，

$$\delta = \theta m \text{，} \theta > 0 \tag{8.5}$$

這意味著在穩定狀態（steady state）下，當廠商都停止遷廠時，即 $m = 0$，邊際遷廠成本為零。

8.3 均衡

在消費的部分，我們可以得到：

$$C_M = \frac{\mu}{P_i} \ , \ P_i = \left(\int_0^N p_i(s)^{1-\sigma} ds \right)^{\frac{1}{1-\sigma}} \tag{8.6}$$

$$c_i = \frac{p_i(s)^{-\sigma}\mu}{\int_0^N p_i(s)^{1-\sigma} ds} = \frac{p_i(s)^{-\sigma}\mu}{P_i^{1-\sigma}} \ , \ C_{Ai} = Y_i - \mu \ , \ i = 1, 2$$

製造業廠商 s 的定價，在兩區域分別為：

$$p_i = \frac{\sigma wa}{\sigma - 1} \ , \ p_j = \tau \frac{\sigma wa}{\sigma - 1} \ , \ i, j = 1, 2 \tag{8.7}$$

其中 $w = 1$。

由於每家廠商使用一單位的資本，這表示廠商家數與區域的資本量是相同的，$N_i = K_i$ 且 $N = K$。在獨占性競爭市場，均衡時第 (8.4) 式廠商的利潤為零，即 $\Pi_i(a) = 0$，故可以得到資本報酬（固定成本）r_i：

$$r_i = p_i c_i + p_j c_j - wac_i - wa\tau c_j = (p_i - a)c_i + (p_j - a\tau)c_j \tag{8.8}$$

第 (8.7) 式可以改寫成 $a = p_i \frac{\sigma - 1}{\sigma}$ 以及 $\tau a = p_j \frac{\sigma - 1}{\sigma}$，代入第 (8.8) 式可得：

$$r_i = \left(p_i - p_i \frac{\sigma - 1}{\sigma} \right) c_i + \left(p_j - p_j \frac{\sigma - 1}{\sigma} \right) c_j$$

$$= \left(1 - \frac{\sigma - 1}{\sigma}\right)p_ic_i + \left(1 - \frac{\sigma - 1}{\sigma}\right)p_jc_j$$

$$= \frac{1}{\sigma}(p_ic_i + p_jc_j) = \frac{1}{\sigma}\left[p_i\frac{p_i^{-\sigma}\mu}{P_i^{1-\sigma}}Y_i + p_j\frac{p_j^{-\sigma}\mu}{P_j^{1-\sigma}}Y_j\right]$$

$$= \frac{\mu}{\sigma}\left(\frac{\sigma a}{\sigma - 1}\right)^{1-\sigma}\left[\frac{Y_i}{P_i^{1-\sigma}} + \frac{\phi Y_j}{P_j^{1-\sigma}}\right] = \frac{\mu}{\sigma}\left(\frac{\sigma a}{\sigma - 1}\right)^{1-\sigma}\left(\frac{y_i}{P_i^{1-\sigma}} + \frac{(1 - y_i)\phi}{P_j^{1-\sigma}}\right)Y$$

$$\therefore r_i(a) = \frac{\mu}{\sigma}\left(\frac{a\sigma}{\sigma - 1}\right)^{1-\sigma}\left(\frac{y_i}{P_i^{1-\sigma}} + \frac{(1 - y_i)\phi}{P_j^{1-\sigma}}\right)Y \text{，} i, j = 1, 2 \text{，} i \neq j \qquad (8.9)$$

其中，Y 爲兩區域合計的總所得，而 $y_i = Y_i/Y$，$\phi = \tau^{1-\sigma}$ 爲貿易自由度。接著，計算各區域的物價指數：

$$P_i^{1-\sigma} = \int_0^{N_i}\left(\frac{\sigma a}{\sigma - 1}\right)^{1-\sigma}ds + \int_0^{N_j}\left(\tau\frac{\sigma a}{\sigma - 1}\right)^{1-\sigma}ds \qquad (8.10)$$

第 (8.10) 式以商品項目描述的物價指數，以下改寫爲以邊際成本描述的物價指數。與第 7 章第 (7.9) 式類似，該函數形式爲價格乘以各自區域的資本量（即廠商家數），再乘以每一邊際成本 a 在市場中營運的機率 $dG(a)$，如第 (8.11) 式所示：[5]

$$P_i^{1-\sigma} = \int_0^1\left(\frac{\sigma a}{\sigma - 1}\right)^{1-\sigma}K_idG(a) + \int_0^1\left(\tau\frac{\sigma a}{\sigma - 1}\right)^{1-\sigma}K_jdG(a) \qquad (8.11)$$

而 $\frac{dG(a)}{da} = \rho a^{\rho - 1}$，$dG(a) = \rho a^{\rho - 1}da$，並假設 $1 + \rho - \sigma > 0$，令 $h_i = K_i/K$，最後第 (8.11) 式重新整理得到：

....

5   須注意的是，積分的範圍是 0 至 1。

$$P_i^{1-\sigma} = \int_0^1 \left(\frac{\sigma a}{\sigma - 1}\right)^{1-\sigma} K_i \rho a^{\rho-1} da + \int_0^1 \left(\tau \frac{\sigma a}{\sigma - 1}\right)^{1-\sigma} K_j \rho a^{\rho-1} da$$

$$= K_i \left(\frac{\sigma}{\sigma - 1}\right)^{1-\sigma} \frac{\rho}{1 + \rho - \sigma} + \phi K_j \left(\frac{\sigma}{\sigma - 1}\right)^{1-\sigma} \frac{\rho}{1 + \rho - \sigma}$$

$$\therefore P_i^{1-\sigma} = K \left(\frac{\sigma}{\sigma - 1}\right)^{1-\sigma} \frac{\rho}{1 + \rho - \sigma} [h_i + \phi(1 - h_i)] \tag{8.12}$$

令 $\lambda = \dfrac{\rho}{1 + \rho - \sigma}$ 並將第 (8.12) 式代入第 (8.9) 式，可得兩區域的資本報酬分別是：

$$r_1(a) = a^{1-\sigma} \frac{\mu}{\sigma\lambda} \left(\frac{y_1}{h_1 + \phi(1 - h_1)} + \frac{(1 - y_1)\phi}{\phi h_1 + (1 - h_1)}\right) \frac{Y}{K} \tag{8.13}$$

$$r_2(a) = a^{1-\sigma} \frac{\mu}{\sigma\lambda} \left(\frac{\phi y_1}{h_1 + \phi(1 - h_1)} + \frac{1 - y_1}{\phi h_1 + (1 - h_1)}\right) \frac{Y}{K} \tag{8.14}$$

8.4 製造業廠商遷廠與區位均衡

　　考慮生產力異質性的時候，我們需要關心的是，哪個廠商會先移動？為了解決這個問題，我們從尚未發生轉移的情況開始，所以 $\dfrac{N_1}{N} = h_1$（即區域 1 的製造業廠商比例與其資本比例相等）。一家廠商從區域 2 到區域 1 的資本報酬變化是廠商邊際成本 a 的函數，[6]

$$r_1(a) - r_2(a) = a^{1-\sigma} \frac{\mu}{\sigma\lambda} (1 - \phi) \left(\frac{y_1}{P_1^{1-\sigma}} - \frac{1 - y_1}{P_2^{1-\sigma}}\right) \frac{Y}{K} \tag{8.15}$$

　　接著，基於區域相對要素稟賦的對稱性，也就是 $y_1 = h_1$。在本節，

6　由於市場上有許多廠商，因此，第一家廠商的遷廠不會影響物價指數。

定義 $y_1 = h_1 \equiv h$，其中 $h_1 > 0.5$ 亦即 $h > 0.5$。第 (8.15) 式可以被改寫成：

$$r_1(a) - r_2(a) = a^{1-\sigma} \frac{\mu}{\sigma\lambda} (1-\phi) \frac{Y}{K} \left[\frac{2\phi(h-0.5)}{(1-\sigma)h + \phi(1-h+\phi h)} \right] \quad (8.16)$$

第 (8.16) 式具有三個主要特徵。首先，中括號是正的，因爲區域 1 的要素稟賦較大，所以很明顯，區域 2 的廠商都會從區域 2 遷廠到區域 1 獲益。其次，區域 1 的廠商不會因遷廠至區域 2 獲益。第三，對於最有效率的廠商來說，從區域 2 到區域 1 遷廠會有更高的資本報酬。

8.4.1. 哪家廠商最先遷廠？

直覺上，第一批發現支付遷廠成本有利可圖的廠商將是那些在區域 2 最有效率的廠商。接下來，我們將推導這個直覺。

a_R 定義爲遷廠門檻的邊際成本，其中 R 代表最後一家遷廠的廠商。[7] 首先，我們給定 a_R，並令 $K = 1$，求解考慮遷廠門檻的 $P_1(a_R)^{1-\sigma}$ 以及 $P_2(a_R)^{1-\sigma}$：

$$P_1(a_R)^{1-\sigma}$$
$$= \left(\frac{\sigma}{\sigma-1} \right)^{1-\sigma} \left\{ s \int_0^1 a^{1-\sigma} dG(a) + (1-s) \left[\int_0^{a_R} dG(a) + \phi \int_{a_R}^1 a^{1-\sigma} dG(a) \right] \right\}$$
$$P_2(a_R)^{1-\sigma}$$
$$= \left(\frac{\sigma}{\sigma-1} \right)^{1-\sigma} \left\{ \phi s \int_0^1 a^{1-\sigma} dG(a) + (1-s) \left[\phi \int_0^{a_R} dG(a) + \int_{a_R}^1 a^{1-\sigma} dG(a) \right] \right\}$$

我們可以整理得到：

7　最後一家廠商遷廠爲 R，因此，將其邊際成本作爲門檻值。

$$P_1(a_R)^{1-\sigma}=\left(\frac{\sigma}{\sigma-1}\right)^{1-\sigma}\{\lambda s+(1-s)a_R^{1-\sigma+\rho}+\phi(1-s)(1-a_R^{1-\sigma+\rho})\} \quad (8.17)$$

$$P_2(a_R)^{1-\sigma}=\left(\frac{\sigma}{\sigma-1}\right)^{1-\sigma}\{\phi\left[\lambda s+(1-s)a_R^{1-\sigma+\rho}\right]+(1-s)(1-a_R^{1-\sigma+\rho})\} \quad (8.18)$$

我們可以將任何一家區域 2 的廠商的遷廠獲益描述為：

$$V(a,\,a_R)\equiv r_1(a,\,a_R)-r_2(a,\,a_R) \quad (8.19)$$

其中，$r_1(a,\,a_R)$ 以及 $r_2(a,\,a_R)$ 分別是：

$$r_1(a,a_R)=\frac{\mu}{\sigma}\left(\frac{a\sigma}{\sigma-1}\right)^{1-\sigma}\left(\frac{y_1}{P_1(a_R)^{1-\sigma}}+\frac{(1-y_1)\phi}{P_2(a_R)^{1-\sigma}}\right)Y$$

$$r_2(a,a_R)=\frac{\mu}{\sigma}\left(\frac{a\sigma}{\sigma-1}\right)^{1-\sigma}\left(\frac{\phi y_1}{P_1(a_R)^{1-\sigma}}+\frac{(1-y_1)}{P_2(a_R)^{1-\sigma}}\right)Y$$

在遷廠成本方面，需注意的是來自於區域 2 的廠商在區域 1 的數量為 $K_2a_R^\rho$，[8] 則廠商遷廠數量是 $m=K_2\rho a_R^{\rho-1}\dot{a}_R$，其中 $\dot{a}_R=\frac{da_R}{dt}$。根據第 (8.5) 式，遷廠成本為：

$$\delta=\theta K_2\rho a_R^{\rho-1}\dot{a}_R \quad (8.20)$$

如果遷廠的利益大於或等於成本，追求利潤最大化的廠商就會遷廠。具體來說，廠商從區域 2 往區域 1 遷廠的均衡條件是：

....

8　具體來說，$K_2a_R^\rho$ 為區域 2 的廠商家數 $N_2=K_2$ 乘以機率值而得，其中機率值由 a_R 代入第 (8.3) 式而得，此機率值是由 0 至 a_R 範圍計算，表示邊際成本 0 至 a_R 的廠商會遷移。須注意最高邊際成本 a_0 標準化為 1。

$$V(a, a_R) = \theta K_2 \rho a_R^{\rho-1} \dot{a}_R \qquad (8.21)$$

　　而其長期穩定均衡狀態爲對於生產力爲 a_R 的廠商而言,遷廠與否利潤都是相同的,如圖 8.2,[9] 在區域 2 的廠商將按照從邊際成本最小的廠商開始依序遷廠。由於最有效率的廠商最先從區域 2 遷廠至區域 1,減少了區域 2 市場的競爭並增加了區域 1 市場的競爭,而減少遷廠的獲益。

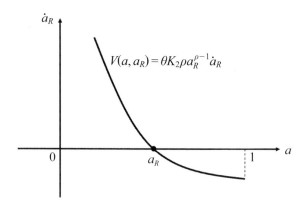

圖 8.2　遷廠的均衡條件

8.4.2. 區位均衡

　　第 (8.21) 式爲零,表示邊際成本 a_R 的製造業廠商沒有誘因遷廠,即區位均衡。具體來說,在均衡時,$m = 0$,則 $V(a, a_R) = 0$ 或者 $r_1(a, a_R) = r_2(a, a_R)$。因此,可以從 $r_1(a, a_R) = r_2(a, a_R)$ 求解得到 a_R 的可分析解:

$$r_1(a, a_R) = r_2(a, a_R)$$

9　隨著 a_R 愈大,$V(a, a_R)$ 愈小,因此第 (8.21) 式在圖 8.2 爲負斜率。

將 $y_1 = h_1 \equiv h$ 代入後得到：

$$\frac{h}{h+(1-h)\,a_R^{1-\sigma+\rho}+\phi(1-h)(1-a_R^{1-\sigma+\rho})}$$
$$=\frac{1-h}{\phi h+\phi(1-h)a_R^{1-\sigma+\rho}+(1-h)(1-a_R^{1-\sigma+\rho})}$$

最後整理得到：

$$a_R^{1-\sigma+\rho}=\frac{2\phi(h-0.5)}{(1-\phi)(1-h)} \qquad (8.22)$$

第 (8.22) 式表示隨著貿易自由度 ϕ 增加，遷廠門檻 a_R 愈高，因為 $\dfrac{da_R^{1-\sigma+\rho}}{d\phi}=\dfrac{h-0.5}{(1-\phi)^2(1-h)}>0$，這表示隨著貿易自由度愈高，更多的廠商有誘因從區域 2 遷廠至區域 1。[10] 與 FC 模型一樣，隨著貿易變得更加自由，區域 1 中廠商的份額會增加。最後，當 ϕ 等於或超過維持點 ϕ_s 時會發生完全聚集，而維持點為：

$$\phi_s=\frac{1-h}{h} \qquad (8.23)$$

第 (8.23) 式意味著當貿易自由度小於維持點，生產力異質性本身不會影響空間分布。

10　須注意廠商根據邊際成本由低至高依序遷移。

8.5 空間排序

本節說明區域政策的影響。假設製造業廠商完全聚集在區域 1，$h_1 = 1$，政府希望透過補貼來引導廠商從區域 1 遷廠至區域 2，以平衡區域差距。假設提供廠商的補貼為 $\overline{S}$，定義 a_s 為補貼時的遷廠門檻，我們令 $K = 1$。在受補貼之前，若廠商從區域 1 遷廠至區域 2，會得到負的資本報酬：

$$r_2(a, a_s) - r_1(a, a_s)\big|_{h_1 = 1} = a^{1-\sigma} \frac{\mu Y}{\sigma \lambda}\left(\frac{1 - y_1}{\phi} - y_1\right) < 0 \text{，} \phi > \phi_s \quad （8.24）$$

若 a 愈小，則第 (8.24) 式的負值愈大，這表示邊際成本愈小的廠商需要更高的補貼才會願意離開區域 1，這隱含當政府提供補貼的時候，邊際成本最高（生產力最差）的廠商是最先從區域 1 遷廠至區域 2，因此，從核心區域至邊陲區域，在廠商根據邊際成本由低至高依序分布兩區域裡，即空間排序，這結果使得區域 2（邊陲區域）的廠商平均而言資本報酬仍低於區域 1（核心區域）。另外，若政府希望提供補貼讓邊際成本最低（生產力最高）的廠商遷移至區域 2，由於邊際成本最低表示 $a \to 0$，而 $r_2(a, a_s) - r_1(a, a_s)\big|_{h_1 = 1} \to -\infty$，則提供的補貼必須是相當大，才能讓資本報酬在兩區域是無差異的。

接著，我們來求最小的補貼額度 $\overline{S}_0$。最小的補貼額度表示對於邊際成本最高 a_0 的廠商而言，受到補貼以後，無論是否遷廠，資本報酬在兩區域之差異，即：

$$r_2(a_0, a_s) - r_1(a_0, a_s) + \overline{S}_0 = 0 \quad （8.25）$$

製造業支出爲 $Y = \mu L$，令 $L = 2$，我們可以得到 $\overline{S}_0$：

$$\overline{S}_0 = \frac{2\mu^2 a^{1-\sigma}}{\sigma\lambda\phi}[(1+\phi)y_1 - 1] \qquad (8.26)$$

參考文獻

Baldwin, R. E. and Okubo, T. (2006). Heterogeneous firms, agglomeration and economic geography: Spatial selection and sorting. *Journal of Economic Geography, 6*(3), 323-346. https://doi.org/10.1093/jeg/lbi020

Combes, P.-P., Duranton, G., Gobillon, L., Puga, D., and Roux, S. (2012). The productivity advantages of large cities: Distinguishing agglomeration from firm selection. *Econometrica, 80*(6), 2543-2594. https://doi.org/10.3982/ECTA8442

Forslid, R. and Okubo, T. (2015). Which firms are left in the periphery? Spatial sorting of heterogeneous firms with scale economies in transportation. *Journal of Regional Science, 55*(1), 51-65. https://doi.org/10.1111/jors.12115

Forslid, R. and Okubo, T. (2021). Agglomeration of low-productive entrepreneurs to large regions: A simple model. *Spatial Economic Analysis, 16*(4), 471-486. https://doi.org/10.1080/17421772.2021.1884280

Forslid, R. and Ottaviano, G. I. P. (2003). An analytically solvable core-periphery model. *Journal of Economic Geography, 3*(3), 229-240.

Fukao, K., Ikeuchi, K., Kim, Y. G., and Kwon H. U. (2011). Do more productive firms locate new factories in more productive locations? An empirical analysis based on panel data from Japan's census of manufactures. *RIETI Discussion Paper 11068.*

Glaeser, E. L., Kahn, M. E., and Rappaport, J. (2008). Why do the poor live in cities? The role of public transportation. *Journal of Urban Economics*, 63(1), 1-24. https://doi.org/10.1016/j.jue.2006.12.004

Lafourcade, M. and Mion, G. (2003). Concentration, spatial clustering and the size of plants: Disentangling the sources of co-location externalities. *CORE Discussion Paper No. 2003/91.* Available at SSRN: https://ssrn.com/abstract=981397

Lavoratori, K. and Castellani, D. (2021). Too close for comfort? Microgeography of agglomeration economies in the United Kingdom. *Journal of Regional Science, 61*(5), 1002-1028. https://doi.org/10.1111/jors.12531

Martin, P. and Rogers, C. A. (1995). Industrial location and public infrastructure. *Journal of International Economics, 39*, 335-351.

Melitz, M. J. (2003). The impact of trade on intra-industry reallocations and aggregate industry productivity. *Econometrica, 71*(6), 1695-1725.

Okubo, T. and Tomiura, E. (2015). Regional variations in productivity premium of exporters: Evidence from Japanese plant-level data. *RIETI Discussion Paper No. 13005*.

Pflüger, M. (2004). A simple, analytically solvable, Chamberlinian agglomeration model. *Regional Science and Urban Economics, 34*(5), 565-573. https://doi.org/10.1016/s0166-0462(03)00043-7

Rosenthal, S. S. and Strange, W. C. (2020). How close is close? The spatial reach of agglomeration economies. *Journal of Economic Perspectives, 34*(3), 27-49. https://doi.org/10.1257/jep.34.3.27

第 9 章 ｜ 生產力差異與新經濟地理

9.1 前言

　　本章介紹廠商生產力的差異與廠商空間分布的關係。具體來說，主要介紹 von Ehrlich and Seidel（2013）如何整合 Melitz（2003）模型以及 NEG 模型，來討論生產力的差異如何影響經濟活動的空間分布。總而言之，他們得到的結論是：生產力差異程度（生產力異質性）愈大愈促使產業聚集。在模型技術上，von Ehrlich and Seidel（2013）將 Melitz（2003）的開放經濟（open economy）整合至 CP 模型，生產力異質性透過三種不同的途徑影響廠商空間分布：1. 改善生產力而增加廠商的出口傾向時，居住在較大的區域變得不那麼重要，由於每個區域的市場能夠購買到更多國外的產品（種類），因此降低價格指標效果；2. 隨著生產力的提高，廠商的收益以出口市場為主，使得廠商在本地市場銷售所賺取的利潤相對於出口市場而言較低，本地市場對廠商的重要性降低，作為聚集力量的母國效果被弱化；3. 由於生產力門檻增加，市場上有更多高生產力廠商，但廠商總家數更少，相對而言，每個廠商在技術進步後有更大的市場占有率，廠商之間的市場擁擠效果削弱。1. 與 2. 代表生產力異質性對於向心力的削弱，而 3. 則是對於離心力的削弱。他們的研究結果指出：即使生產力異質性同時削弱向心力與離心力，向心力的削弱程度小於離心力的削弱程度。因此，生產力異質性愈高將促使廠商有聚集的傾向。

　　在政策意涵上，von Ehrlich and Seidel（2013: 544）指出透過生產力不同的機率分布形狀來反映技術進步，這是因為技術進步不僅增加了支付固定成本的機會，而且提高了進入市場的預期生產力。Caselli（1999）與 Dunne et al.（2004）分別提供理論與實證的支持：技術進步通常伴隨著生產力離散度的擴大。在廠商的空間分布上，von Ehrlich and Seidel（2013）得到的推論是：技術進步促使產業聚集。Tabuchi et al.（2018）整合 Melitz（2003）封閉經濟設定與新經濟地理模型，也得到技術進步促使產業聚集的結論。這是因為，在 Tabuchi et al.（2018）裡，當技術進步提高了廠商的勞動生產力時，最先受益的是那些遷移成本最低的勞工，這些勞工會選擇搬到更大的地區。隨著生產力的進一步成長，這些地區的薪資水準會更高、商品價格會更低、可供選擇的產品種類也更多，這樣會吸引更多的勞工搬到這些地區。最終，更高的勞動生產力解釋為什麼某些地區的經濟表現會比其他地區更好。此外，這兩篇文章也都指出當技術進步時，經濟最終會成為一個實質薪資相對高的核心區域，而另一個則變成實質薪資相對低的邊陲區域。這反映了提高產業生產力的經濟政策與縮小區域福利差距的區域政策，在目的上有潛在的矛盾。

不同於前面兩篇文章，Zhou（2020）整合 Melitz（2003）模型與 Helpman（1998）模型。與 von Ehrlich and Seidel（2013）不同的是，他的比較靜態分析顯示，廠商生產力異質性的增加有利於分散，他指出是因為增加生產力異質性而削弱兩個聚集力的程度大過於削弱市場擁擠效果的程度。另外，在不對稱住宅存量的前提下，Zhou（2020）的研究結果顯示，如果住宅的偏好較低，那麼住房存量多的區域很可能是邊陲區域。這一發現為快速都市化和不動產開發興盛的國家出現「鬼城」現象，提供了一種理論的解釋。

以下，我們將介紹 von Ehrlich and Seidel（2013）模型如何整合 Melitz（2003）以及 Krugman（1991）。由於 Tabuchi et al.（2018）及 Zhou（2020）採用的整合方式是類似的，因此不在此介紹。

9.2 模型設定

一個經濟體有兩個同質的國家,國家 1 與國家 2。市場上分別有農業部門以及製造業部門,他們各自生產同質的農產品以及差異化的製造業產品。生產要素總共有技術勞工 H 與非技術勞工 L。假設技術勞工能夠在國際間自由移動,但是,非技術勞工則不能在國際間自由移動。此外,假設廠商在國際間不能自由移動,[1] 這與 Baldwin and Okubo(2006)等一系列文章不同,並不需要考慮哪間廠商先移動的問題。

9.2.1 家戶

家戶的效用源自於消費兩種財貨:農產品以及製造業產品。效用函數為:

$$U_i = M_i^{\mu} A_i^{1-\mu} \, , \, M_i = \left[\int_{s=0}^{n} m_i(s)^{\frac{\sigma-1}{\sigma}} \, ds \right]^{\frac{\sigma}{\sigma-1}} , \, i = 1, 2 \qquad (9.1)$$

其中,M 為整合性製造業產品的消費,A 為農產品的消費,$0 < \mu < 1$ 為花費在製造業產品的支出比例,$m(s)$ 表示製造業產品項目 s 的消費量,$s \in [0,n]$,$\sigma > 1$ 代表任意兩個製造業產品項目間的替代彈性。我們假設農產品價格為 1。令 $p_i(s)$ 為製造業產品項目 s 的價格,y_i 為要素所得,則家戶的預算限制式為:

$$\int_{s=0}^{n} m_i(s) p_i(s) ds + A_i = y_i \, , \, i = 1, 2 \qquad (9.2)$$

1　當技術勞工聚集在兩區域其中之一區域時,另一區域的廠商將會選擇歇業。

9.2.2 農業部門

假設生產每單位農產品需要一單位的非技術勞工。此外，農產品運輸至其他國家時不需要運輸成本。農業部門面對固定規模報酬的完全競爭市場，非技術勞工薪資與農產品價格相同，因此，非技術勞工的薪資為 1。最後，我們假設非技術勞工在兩國各占一半的人數。

9.2.3 製造業部門

假設製造業部門廠商只僱用技術勞工，由於固定成本以及報酬遞增，每家廠商生產一種產品項目，市場的特徵是獨占性競爭市場。參考 Melitz（2003）模型，假設廠商擁有不同的生產力 φ，其中生產力的分配函數在兩國是相同的 Pareto 分布。假設廠商事先不知道他們擁有多少的生產力，但廠商可以在投入研發以後獲取生產力大小的資訊。Pareto 分布的累積密度函數為：

$$G(\varphi) = 1 - \varphi^{-k}，k > 2 \qquad (9.3)$$

其中，k 為形狀參數。第 (9.3) 式是描述潛在廠商擁有的生產力分布，本章並未事先給定進入市場的最低生產力門檻，這不同於 Baldwin and Okubo（2006）採用給定最低生產力下 Pareto 分布的機率函數。在第 (9.3) 式中，當 k 愈大時，潛在的高生產力廠商出現的機率愈小，潛在廠商的生產力差異愈小且多數潛在廠商生產力是偏低的。一個極端例子是，當 $k \to \infty$，所有潛在廠商的生產力逼近於 1。

廠商的技術勞工需求可以分成三部分：研發投入、產品生產以及市場服務。廠商事先投入研發的成本為進入市場的固定成本（簡稱進入成本），其中僱用 f^e 單位的技術勞工從事研發工作，因此，進入成本

為 $w_i^H f^e$，其中 w_i^H 為技術勞工的薪資。假設兩國廠商需要僱用的技術勞工，其所從事投入研發人數 f^e 是一樣的。在得知生產力資訊後，廠商是否進入市場生產取決於廠商的生產力能否讓他獲取利潤。每家廠商的生產函數為 $m(\varphi) = \varphi f^q$，其中 f^q 定義為廠商所需要的技術勞工需求。須注意的是技術勞工在技術上並沒有技能差異，但廠商各自具有不同的生產力。除此之外，每家廠商會選擇一些市場來服務消費者。令標記 hm 的變數為有關國內市場的變數，標記 x 則為有關出口市場的變數。在國內市場，每家廠商需要 f^{hm} 單位的技術勞工從事服務工作，這項成本是固定成本；類似地，在出口市場則需要僱用 $f^x > f^{hm}$ 單位的技術勞工。假設 f^{hm} 在兩國是相同的，此外，f^x 在兩國也是相同的。令 p_i 為在國家 i 的出廠價格，π_i 為廠商在國家 i 營運的利潤函數，國內廠商以及出口廠商進入市場營運的利潤函數分別是：

$$\pi_i^{hm}(\varphi) = p_i^{hm} m_i^{hm}(\varphi) - w_i^H \frac{m_i^{hm}(\varphi)}{\varphi} - w_i^H f^{hm} \tag{9.4}$$

$$\pi_i^x(\varphi) = p_i^x m_i^x(\varphi) - \tau w_i^H \frac{m_i^x(\varphi)}{\varphi} - w_i^H f^x \tag{9.5}$$

9.3 模型均衡

　　模型求解可以分成三部分：區位均衡、生產力門檻以及市場均衡。具體來說，對於給定的技術勞工分布，製造業廠商決定進入該行業，直到預期利潤為零。根據他們的生產力機率分配，只要他們的利潤不是負數並支付市場工資 w_i^H，就會開始生產。這適用於所有生產力 φ 超過門檻 φ^* 的廠商，我們將這種情況稱為市場均衡。接著，技術勞工會根據實質薪資的高低選擇在兩國其中之一居住。最後，廠商的進入市場決定將取決於預期利潤為零，也因此只有廠商的生產力高於門檻時，其預期

利潤會大於零。當實質薪資在不同國家相等或所有勞工都聚集在一個國家，則遷移過程停止並達到區位均衡。與 Baldwin and Okubo（2006）相比，這篇文章具有內生的製造業廠商數量和內生的平均生產力。

9.3.1 市場均衡

與前面幾章計算過程類似，令 p_i 為在國家 i 的市場出售價格，G_i 為國家 i 的物價指數，家戶對於財貨的最適消費分別是：

$$m_i = \frac{p_i^{-\sigma}}{\mathbb{P}_i^{1-\sigma}} \mu y_i \text{，} \quad \mathbb{P}_i = \left[\int_0^n p_i^{1-\sigma} ds \right]^{\frac{1}{1-\sigma}} \tag{9.6}$$

$$M_i = \frac{\mu y_i}{G_i} \text{，} \quad A_i = (1 - \mu) y_i \tag{9.7}$$

接著，國內廠商以及出口廠商各自的定價分別是：

$$p_i^{hm}(\varphi) = \frac{\sigma w_i^H}{(\sigma - 1)\varphi} \text{，} \quad p_i^x(\varphi) = \frac{\sigma \tau w_i^H}{(\sigma - 1)\varphi} \tag{9.8}$$

定義 $H = H_1 + H_2$，且 $h_i = H_i/H$。此外，兩國的總支出分別為 $Y_1 = w_1^H hH + \frac{L}{2}$ 以及 $Y_2 = w_2^H(1 - h)H + \frac{L}{2}$，其中，$h = H_1/H$。與第 7 章類似的計算過程，國內廠商以及出口廠商各自的收益以及利潤分別是：

$$R_i^{hm}(\varphi) = p_i^{hm}(\varphi) \frac{p_i^{hm}(\varphi)^{-\sigma}}{\mathbb{P}_i^{1-\sigma}} \mu \left(w_i^H h_i H + \frac{L}{2} \right) = \frac{p_i^{hm}(\varphi)^{1-\sigma}}{\mathbb{P}_i^{1-\sigma}} \mu Y_i \tag{9.9}$$

$$R_i^x(\varphi) = p_i^x(\varphi) \frac{p_i^x(\varphi)^{-\sigma}}{\mathbb{P}_j^{1-\sigma}} \mu \left(w_j^H h_j H + \frac{L}{2} \right) = \frac{p_i^x(\varphi)^{1-\sigma}}{\mathbb{P}_j^{1-\sigma}} \mu Y_j \tag{9.10}$$

$$\pi_i^{hm}(\varphi) = \left[p_i^{hm}(\varphi) - \frac{w_i^H}{\varphi} \right] m_i^{hm}(\varphi) - w_i^H f^{hm} = \frac{R_i^{hm}(\varphi)}{\sigma} - w_i^H f^{hm} \tag{9.11}$$

$$\pi_i^x(\varphi) = \left[p_i^x(\varphi) - \frac{\tau w_i^H}{\varphi} \right] m_i^x(\varphi) - w_i^H f^x = \frac{R_i^x(\varphi)}{\sigma} - w_i^H f^x \qquad (9.12)$$

9.3.2 生產力門檻

接下來，將求解生產力門檻 φ_i^*。令 $\tilde{\varphi}^{hm}$、φ_i^{x*} 以及 $\tilde{\varphi}^x$ 分別為國內市場廠商的平均生產力、出口廠商的最低生產力以及出口廠商的平均生產力。參考 Melitz（2003），潛在廠商進入市場營運直到在期望利潤 $\overline{\pi}$ 等於進入成本。須注意的是，期望利潤 $\overline{\pi}$ 為潛在廠商進入國內市場預期賺取的平均利潤 $\overline{\pi}(\tilde{\varphi}_i^{hm})$，再加上進入出口市場預期賺取平均利潤為 $(\varphi_i^*/\varphi_i^{x*})^k \overline{\pi}(\tilde{\varphi}_i^x)$，即：

$$\overline{\pi} = \overline{\pi}\left(\tilde{\varphi}_i^{hm} \right) + \left(\frac{\varphi_i^*}{\varphi_i^{x*}} \right)^k \overline{\pi}(\tilde{\varphi}_i^x) \qquad (9.13)$$

其中 $(\varphi_i^*/\varphi_i^{x*})^k$ 為潛在廠商進入出口市場營運的存活率。[2] 進入國內市場條件則為：

$$(\varphi_i^*)^{-k} \overline{\pi} = w_i^H f^e \qquad (9.14)$$

其中，$(\varphi_i^*)^{-k}$ 為只有 $\varphi \geq \varphi_i^*$ 才能在國內市場營運的存活率。[3]

....

2　根據第 7 章的第 (7.39) 式，出口廠商實際營運的存活率為 $\mathrm{Pr}\,(\varphi \geq \varphi_i^{x*}) = \dfrac{1 - G(\varphi_i^{x*})}{1 - G(\varphi_i^*)} = \dfrac{(\varphi_i^{x*})^{-k}}{(\varphi_i^*)^{-k}}$
　$= \left(\dfrac{\varphi_i^*}{\varphi_i^{x*}} \right)^k$。

3　根據存活率的計算公式，得到 $\mathrm{Pr}\,(\varphi \geq \varphi_i^*) = \int_{\varphi_i^*}^{\infty} g(\varphi)d\varphi = 1 - G(\varphi_i^*)$。已知 $G(\varphi_i^*) = 1 - (\varphi_i^*)^{-k}$，因此，存活率為 $\mathrm{Pr}\,(\varphi \geq \varphi_i^*) = 1 - [1 - (\varphi_i^*)^{-k}] = (\varphi_i^*)^{-k}$。

只要廠商從各自市場獲得的收益能夠支付特定市場的固定成本，它們就會開始為國內和出口市場生產。根據第 (9.11) 式以及第 (9.12) 式，可得國內與出口市場生產力門檻廠商，其收益分別是：

$$R_i^{hm}(\varphi_i^*) = \sigma w_i^H f^{hm}, \ R_i^x(\varphi_i^{x*}) = \sigma w_i^H f^x \quad (9.15)$$

第 (9.13) 式的期望利潤 $\bar{\pi}$ 當中，包含 $\bar{\pi}(\tilde{\varphi}_i^{hm})$、$(\varphi_i^*/\varphi_i^{x*})^k$ 以及 $\bar{\pi}(\tilde{\varphi}_i^x)$，以下我們逐步計算求解他們。在國家 j，若出口廠商的生產力恰為出口市場門檻，則 $R_j^x(\varphi_j^{x*}) = \sigma w_j^H f^x$。在國家 i，若國內廠商的生產力落在國內市場門檻，則 $R_i^{hm}(\varphi_i^*) = \sigma w_i^H f^{hm}$。因此，這兩家廠商的相對收入比為：

$$\frac{R_i^{hm}(\varphi_i^*)}{R_j^x(\varphi_j^{x*})} = \frac{\frac{p_i^{hm}(\varphi)^{1-\sigma}}{\mathbb{P}_i^{1-\sigma}}\mu Y_i}{\frac{p_j^x(\varphi)^{1-\sigma}}{\mathbb{P}_i^{1-\sigma}}\mu Y_i} = \frac{p_i^{hm}(\varphi)^{1-\sigma}}{p_j^x(\varphi)^{1-\sigma}} = \left(\frac{\frac{w_i^H}{\varphi_i^*}}{\tau\frac{w_j^H}{\varphi_j^{x*}}}\right)^{1-\sigma} \quad (9.16)$$

又因為 $\frac{R_i^{hm}(\varphi_i^*)}{R_j^x(\varphi_j^{x*})} = \frac{w_i^H f^{hm}}{w_j^H f^x}$，因此，

$$\frac{w_i^H f^{hm}}{w_j^H f^x} = \left(\frac{\frac{w_i^H}{\varphi_i^*}}{\tau\frac{w_j^H}{\varphi_j^{x*}}}\right)^{1-\sigma}$$

$$\Rightarrow \varphi_j^{x*} = \tau\left(\frac{f^x}{f^{hm}}\right)^{\frac{1}{\sigma-1}}\left(\frac{w_j^H}{w_i^H}\right)^{\frac{\sigma}{\sigma-1}}\varphi_i^* \quad (9.17)$$

根據第 (9.16) 式，$\varphi_i^{x*} = \tau\left(\frac{f^x}{f^{hm}}\right)^{\frac{1}{\sigma-1}}\left(\frac{w_i^H}{w_j^H}\right)^{\frac{\sigma}{\sigma-1}}\varphi_j^*$，因此，出口市場營運

的存活率：

$$\frac{\varphi_i^*}{\varphi_i^{x*}} = \tau^{-1} \left(\frac{f^{hm}}{f^x}\right)^{\frac{1}{\sigma-1}} \left(\frac{w_j^H}{w_i^H}\right)^{\frac{\sigma}{\sigma-1}} \left(\frac{\varphi_i^*}{\varphi_j^*}\right)$$

$$\Rightarrow \left(\frac{\varphi_i^*}{\varphi_i^{x*}}\right)^k = \tau^{-k} \left(\frac{f^{hm}}{f^x}\right)^{\frac{k}{\sigma-1}} \left(\frac{w_j^H}{w_i^H}\right)^{\frac{\sigma k}{\sigma-1}} \left(\frac{\varphi_i^*}{\varphi_j^*}\right)^k \qquad (9.18)$$

很明顯，出口市場營運的存活率隨 f^x 和 τ 增加而下降，隨 f^{hm} 和 k 增加而上升。

Pareto 分布意味著平均生產力，是在生產力門檻上的固定加碼（markup）。[4] 具體來說，將第 (9.3) 式代入第 7 章第 (7.19) 式 得 到 $\tilde{\varphi}_i^{hm} = \varphi_i^* \left(\frac{k}{k-\sigma+1}\right)^{\frac{1}{\sigma-1}}$ 以 及 $\tilde{\varphi}_i^x = \varphi_i^{x*} \left(\frac{k}{k-\sigma+1}\right)^{\frac{1}{\sigma-1}}$，因 此，$\frac{\tilde{\varphi}_i^{hm}}{\varphi_i^*} = \frac{\tilde{\varphi}_i^x}{\varphi_i^{x*}} = \left(\frac{k}{k-\sigma+1}\right)^{\frac{1}{\sigma-1}}$。接下來，計算第 (9.13) 式期望利潤。

$$\bar{\pi} = \bar{\pi}\left(\tilde{\varphi}_i^{hm}\right) + \left(\frac{\varphi_i^*}{\varphi_i^{x*}}\right)^k \bar{\pi}(\tilde{\varphi}_i^x)$$

$$= \frac{R_i^{hm}\left(\tilde{\varphi}_i^{hm}\right)}{\sigma} - w_i^H f^{hm} + \left(\frac{\varphi_i^*}{\varphi_i^{x*}}\right)^k \left[\frac{R_i^x\left(\tilde{\varphi}_i^x\right)}{\sigma} - w_i^H f^x\right] \qquad (9.19)$$

根據第 7 章介紹的性質 2，$\frac{R_i^{hm}\left(\tilde{\varphi}_i^{hm}\right)}{R_i^{hm}(\varphi_i^*)} = \frac{\left(1/\tilde{\varphi}_i^{hm}\right)^{1-\sigma}}{(1/\varphi_i^*)^{1-\sigma}} = \left(\frac{\tilde{\varphi}_i^{hm}}{\varphi_i^*}\right)^{\sigma-1}$ 以及

4　推導過程請參考章末附錄 9.A.1。

$\dfrac{R_i^x(\tilde{\varphi}_i^x)}{R_i^x(\varphi_i^{x*})} = \left(\dfrac{\tilde{\varphi}_i^x}{\varphi_i^{x*}}\right)^{\sigma-1}$。此外，$R_i^{hm}(\varphi_i^*) = \sigma w_i^H f^{hm}$ 以及 $R_i^x(\varphi_i^{x*}) = \sigma w_i^H f^x$，我們將

$R_i^{hm}(\tilde{\varphi}_i^{hm}) = \left(\dfrac{\tilde{\varphi}_i^{hm}}{\varphi_i^*}\right)^{\sigma-1} \sigma w_i^H f^{hm}$ 以及 $R_i^x(\tilde{\varphi}_i^x) = \left(\dfrac{\tilde{\varphi}_i^x}{\varphi_i^{x*}}\right)^{\sigma-1} \sigma w_i^H f^x$ 代入第 (9.19) 式，

可以得到：

$$\bar{\pi} = \dfrac{\left(\dfrac{\tilde{\varphi}_i^{hm}}{\varphi_i^*}\right)^{\sigma-1} \sigma w_i^H f^{hm}}{\sigma} - w_i^H f^{hm} + \left(\dfrac{\varphi_i^*}{\varphi_i^{x*}}\right)^k \left[\dfrac{\left(\dfrac{\tilde{\varphi}_i^x}{\varphi_i^{x*}}\right)^{\sigma-1} \sigma w_i^H f^x}{\sigma} - w_i^H f^x\right]$$

$$= \left[\left(\dfrac{\tilde{\varphi}_i^{hm}}{\varphi_i^*}\right)^{\sigma-1} - 1\right] w_i^H f^{hm} + \left(\dfrac{\varphi_i^*}{\varphi_i^{x*}}\right)^k \left[\left(\dfrac{\tilde{\varphi}_i^x}{\varphi_i^{x*}}\right)^{\sigma-1} - 1\right] w_i^H f^x$$

又 $\dfrac{\tilde{\varphi}_i^{hm}}{\varphi_i^*} = \dfrac{\tilde{\varphi}_i^x}{\varphi_i^{x*}} = \left(\dfrac{k}{k-\sigma+1}\right)^{\frac{1}{\sigma-1}}$ 並且 $\left(\dfrac{\varphi_i^*}{\varphi_i^{x*}}\right)^k = \tau^{-k} \left(\dfrac{f^{hm}}{f^x}\right)^{\frac{k}{\sigma-1}} \left(\dfrac{w_j^H}{w_i^H}\right)^{\frac{\sigma k}{\sigma-1}} \left(\dfrac{\varphi_i^*}{\varphi_j^*}\right)^k$。

此外，令 $\phi = \tau^{-k} \left(\dfrac{f^{hm}}{f^x}\right)^{\frac{k-\sigma+1}{\sigma-1}}$，因此，

$$\bar{\pi} = \left[\dfrac{k}{k-\sigma+1} - 1\right] w_i^H f^{hm} + \left(\dfrac{\varphi_i^*}{\varphi_i^{x*}}\right)^k \left[\dfrac{k}{k-\sigma+1} - 1\right] w_i^H f^x$$

$$= \dfrac{\sigma-1}{k-\sigma+1} \left[f^{hm} + \left(\dfrac{\varphi_i^*}{\varphi_i^{x*}}\right)^k f^x\right] w_i^H$$

$$= \dfrac{\sigma-1}{k-\sigma+1} \left[1 + \left(\dfrac{\varphi_i^*}{\varphi_i^{x*}}\right)^k \left(\dfrac{f^x}{f^{hm}}\right)\right] f^{hm} w_i^H$$

$$= \dfrac{\sigma-1}{k-\sigma+1} \left[1 + \tau^{-k} \left(\dfrac{f^{hm}}{f^x}\right)^{\frac{k}{\sigma-1}} \left(\dfrac{w_j^H}{w_i^H}\right)^{\frac{\sigma k}{\sigma-1}} \left(\dfrac{\varphi_i^*}{\varphi_j^*}\right)^k \left(\dfrac{f^{hm}}{f^x}\right)^{-1}\right] f^{hm} w_i^H$$

$$= \dfrac{\sigma-1}{k-\sigma+1} \left[1 + \tau^{-k} \left(\dfrac{f^{hm}}{f^x}\right)^{\frac{k-\sigma+1}{\sigma-1}} \left(\dfrac{w_j^H}{w_i^H}\right)^{\frac{\sigma k}{\sigma-1}} \left(\dfrac{\varphi_i^*}{\varphi_j^*}\right)^k\right] f^{hm} w_i^H$$

$$\overline{\pi} = \frac{\sigma - 1}{k - \sigma + 1} \left[1 + \phi \left(\frac{w_j^H}{w_i^H} \right)^{\frac{\sigma k}{\sigma - 1}} \left(\frac{\varphi_i^*}{\varphi_j^*} \right)^k \right] f^{hm} w_i^H \qquad （9.20）$$

第 (9.20) 式爲零利潤條件（zero cutoff profits condition, ZCP）。

對於第 (9.20) 式的期望利潤而言，國家間的相對薪資 $\left(\frac{w_j^H}{w_i^H} \right)^{\frac{\sigma k}{\sigma - 1}}$ 扮演的角色是，國家 j 較高的薪資水準將使得國家 j 的國內廠商競爭力下降，而國家 i 的出口廠商更容易進入出口（國家 j）市場。

將第 (9.20) 式代入第 (9.14) 式，分別求解國家 i 以及國家 j 進入國內市場的生產力門檻：[5]

$$\begin{cases} (\varphi_i^*)^{-k} \left(\frac{\sigma - 1}{k - \sigma + 1} \right) \left[1 + \phi \left(\frac{w_j^H}{w_i^H} \right)^{\frac{\sigma k}{\sigma - 1}} \left(\frac{\varphi_i^*}{\varphi_j^*} \right)^k \right] f^{hm} w_i^H = w_i^H f^e \\[4mm] (\varphi_j^*)^{-k} \left(\frac{\sigma - 1}{k - \sigma + 1} \right) \left[1 + \phi \left(\frac{w_i^H}{w_j^H} \right)^{\frac{\sigma k}{\sigma - 1}} \left(\frac{\varphi_j^*}{\varphi_i^*} \right)^k \right] f^{hm} w_j^H = w_j^H f^e \end{cases}$$

$$\Rightarrow \begin{cases} \varphi_i^* = \left\{ \left(\frac{\sigma - 1}{k - \sigma + 1} \right) \left[\frac{1 + \phi^2}{1 - \phi \left(\frac{w_j^H}{w_i^H} \right)^{\frac{\sigma k}{\sigma - 1}}} \right] \frac{f^{hm}}{f^e} \right\}^{\frac{1}{k}} \\[6mm] \varphi_j^* = \left\{ \left(\frac{\sigma - 1}{k - \sigma + 1} \right) \left[\frac{1 + \phi^2}{1 - \phi \left(\frac{w_i^H}{w_j^H} \right)^{\frac{\sigma k}{\sigma - 1}}} \right] \frac{f^{hm}}{f^e} \right\}^{\frac{1}{k}} \end{cases} \qquad （9.21）$$

第 (9.21) 式顯示薪資較高的國家，具有較低的生產力門檻。

....

5　詳細的推導過程見章末附錄 9.A.2。

9.3.3 勞動市場、廠商家數與貿易平衡條件

首先，我們分別採用勞動市場均衡以及貿易平衡條件（trade balance condition）來求解兩國家各自的廠商家數 n_i、n_j 以及薪資 w_i^H、w_j^H。勞動市場均衡指的是，國家 i 技術勞工供給等於國家 i 製造業廠商的技術勞工需求，

$$h_i H = n_i \left\{ \left[\frac{m_i^{hm}(\tilde{\varphi}_i^{hm})}{\tilde{\varphi}_i^{hm}} + f^{hm} \right] + \left(\frac{\varphi_i^*}{\varphi_i^{x*}} \right)^k \left[\frac{\tau m_i^x(\varphi)}{\varphi} + f^x \right] + (\varphi_i^*)^k f^e \right\} \tag{9.22}$$

第 (9.22) 式等號左邊為技術勞工供給，第 (9.22) 式等號右邊為均衡勞工需求，第一項是國內廠商的技術勞工需求，第二項是出口廠商的技術勞工需求，最後一項是廠商的研發勞動需求。將第 (9.22) 式的標記 i 改為 j，可以得到國家 j 的勞動市場均衡與第 (9.21) 式類似。

貿易平衡條件（trade balance condition）為製造業商品的淨出口等於農業商品的淨進口，因此，國家 i 貿易平衡條件表達為：

$$\left(\frac{\varphi_i^*}{\varphi_i^{x*}} \right)^k M_i R_i^x(\tilde{\varphi}_i^x) - \left(\frac{\varphi_j^*}{\varphi_j^{x*}} \right)^k M_j R_j^x(\tilde{\varphi}_j^x) = (1-\alpha) w_i h_i H - \alpha L_i \tag{9.23}$$

其中，農業商品的淨進口為區域 i 農產品產量 L_i 與農產品支出 $(1-\alpha)[L_i + w_i h_i H]$ 之差距。物價指數則是：

$$P_i = \left[M_i \left(\frac{\sigma w_i}{(\sigma-1) \tilde{\varphi}_i} \right)^{1-\sigma} + \left(\frac{\varphi_j^*}{\varphi_j^{x*}} \right)^k M_j \left(\frac{\tau \sigma w_j}{(\sigma-1) \tilde{\varphi}_{jx}} \right)^{1-\sigma} \right]^{\frac{1}{1-\sigma}} \tag{9.24}$$

如同 CP 模型，因為都是非線性方程式，無法直接求得解析解。因

此，我們透過數值模擬方式呈現空間分布結果。

9.4 區位均衡

本小節將呈現生產力異質性廠商如何聚集。首先，技術勞工遷移的決定取決於區域間效用的差距：

$$v = v_1 - v_2 = \frac{w_1}{P_1^\alpha} - \frac{w_2}{P_2^\alpha} \qquad (9.25)$$

當 $v > 0$ 時，技術勞工會有誘因從區域 2 往區域 1 遷移；當 $v < 0$ 時，技術勞工會有誘因從區域 1 往區域 2 遷移；當 $v = 0$ 時，技術勞工在兩區域的效用相等，不會再遷移。數值模擬參數設定如下：$H = 100$、$L_i = L_j = 150$、$\tau = 1.5$、$\alpha = 0.4$、$\sigma = 3.8$、$f = 1$、$f_x = 3$ 以及 $f_e = 0.2$。我們將廠商（技術勞工）在兩區域的分布繪製為兩個戰斧圖，橫軸為運輸成本，縱軸為廠商在國家 1 的比例。圖 9.1 為 k 等於 6 的結果，而圖 9.2 則為 k 等於 4 的結果。在圖 9.1 中，當運輸成本 $\tau \in (1, 1.62)$ 時，空間分布為核心邊陲分布，亦即廠商全部聚集於區域 1 或區域 2；當運輸成本 $\tau \geq 1.26$ 時，空間分布為對稱分布；其中當 $\tau \in [1.26, 1.62]$ 時，空間分布為核心邊陲分布或對稱分布。另一方面，在圖 9.2 中，當運輸成本 $\tau \in (1, 1.98)$ 時，空間分布為核心邊陲分布；當運輸成本 $\tau \geq 1.63$ 時，空間分布為對稱分布；其中當 $\tau \in [1.63, 1.98]$ 時，空間分布為核心邊陲分布或對稱分布。比較圖 9.2 與圖 9.1，核心邊陲分布在圖 9.2 有較寬的運輸成本範圍，而對稱分布在圖 9.2 則有較窄的範圍。因此，隨著 k 愈低，亦即生產力分布差異愈大，空間分布更傾向核心邊陲分布。

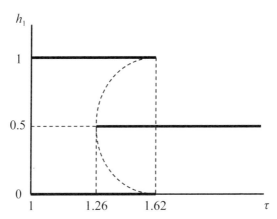

圖 9.1　$k = 6$ 的戰斧圖

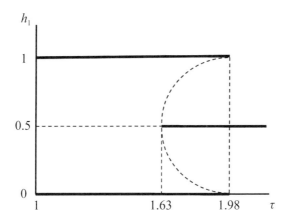

圖 9.2　$k = 4$ 的戰斧圖

9.A 附錄

9.A.1 平均生產力的推導

第 (9.3) 式表示累積密度函數為 $G(\varphi) = 1 - \varphi^{-k}$，則機率密度函數為 $g(\varphi) = \dfrac{k}{\varphi^{k+1}}$，營運廠商的機率密度函數為 $\dfrac{g(\varphi)}{1 - G(\varphi^*)} = \dfrac{k\varphi^{*k}}{\varphi^{k+1}}$。根據第 7 章

第 (7.19) 式，我們可以得到平均生產力：

$$\tilde{\varphi}(\varphi^*) = \left[\frac{1}{1 - G(\varphi^*)} \int_{\varphi^*}^{\infty} \varphi^{\sigma-1} g(\varphi) d\varphi\right]^{\frac{1}{\sigma-1}}$$

$$= \left[\int_{\varphi^*}^{\infty} \varphi^{\sigma-1} \frac{g(\varphi)}{1 - G(\varphi^*)} d\varphi\right]^{\frac{1}{\sigma-1}} = \left[\int_{\varphi^*}^{\infty} \varphi^{\sigma-1} \frac{k\varphi^{*k}}{\varphi^{k+1}} d\varphi\right]^{\frac{1}{\sigma-1}}$$

$$\tilde{\varphi}(\varphi^*) = \left[k\varphi^{*k} \int_{\varphi^*}^{\infty} \varphi^{\sigma-k-2} d\varphi\right]^{\frac{1}{\sigma-1}} \tag{9.A.1}$$

接著，透過瑕積分計算 $\int_{\varphi^*}^{\infty} \varphi^{\sigma-k-2} d\varphi$，並且假設 $k - \sigma + 1 > 0$，[6]

$$\int_{\varphi^*}^{\infty} \varphi^{\sigma-k-2} d\varphi = \lim_{b \to \infty} \int_{\varphi^*}^{b} \varphi^{\sigma-k-2} d\varphi$$

$$= \frac{1}{\sigma-k-1} \varphi^{\sigma-k-1} \Big|_{\varphi^*}^{\infty}$$

$$= \frac{1}{k-\sigma+1} \left(\frac{1}{\infty} - \varphi^{*\sigma-k-1}\right)$$

$$\int_{\varphi^*}^{\infty} \varphi^{\sigma-k-2} d\varphi = \frac{\varphi^{*\sigma-k-1}}{k-\sigma+1} \tag{9.A.2}$$

將第 (9.A.2) 式代入第 (9.A.1) 式，

$$\tilde{\varphi} = \left[k\varphi^{*k} \frac{\varphi^{*\sigma-k-1}}{k-\sigma+1}\right]^{\frac{1}{\sigma-1}} = \left[\frac{k}{k-\sigma+1} \varphi^{*\sigma-1}\right]^{\frac{1}{\sigma-1}}$$

$$\tilde{\varphi} = \left[\frac{k}{k-\sigma+1}\right]^{\frac{1}{\sigma-1}} \varphi^* \tag{9.A.3}$$

6 此假設與 Baldwin and Okubo（2006）相同。

或者是，

$$\frac{\tilde{\varphi}}{\varphi^*} = \left[\frac{k}{k - \sigma + 1}\right]^{\frac{1}{\sigma - 1}}$$

根據第 (9.A.3) 式，平均生產力 $\tilde{\varphi}$ 是生產力門檻 φ^* 乘以固定加碼 $\left[\frac{k}{k - \sigma + 1}\right]^{\frac{1}{\sigma - 1}}$。

9.A.2 各國生產力門檻

將第 (9.19) 代入第 (9.14) 式，

$$\begin{cases} (\varphi_i^*)^{-k}\left(\frac{\sigma - 1}{k - \sigma + 1}\right)\left[1 + \phi\left(\frac{w_j^H}{w_i^H}\right)^{\frac{\sigma k}{\sigma - 1}}\left(\frac{\varphi_i^*}{\varphi_j^*}\right)^k\right] f^{hm} w_i^H = w_i^H f^e \\ (\varphi_j^*)^{-k}\left(\frac{\sigma - 1}{k - \sigma + 1}\right)\left[1 + \phi\left(\frac{w_i^H}{w_j^H}\right)^{\frac{\sigma k}{\sigma - 1}}\left(\frac{\varphi_j^*}{\varphi_i^*}\right)^k\right] f^{hm} w_j^H = w_j^H f^e \end{cases}$$

$$\Rightarrow \begin{cases} \left[(\varphi_i^*)^{-k} + \phi\left(\frac{w_j^H}{w_i^H}\right)^{\frac{\sigma k}{\sigma - 1}}\left(\frac{1}{\varphi_j^*}\right)^k\right] = \left(\frac{k - \sigma + 1}{\sigma - 1}\right)\frac{f^e}{f^{hm}} \\ \left[(\varphi_j^*)^{-k} + \phi\left(\frac{w_i^H}{w_j^H}\right)^{\frac{\sigma k}{\sigma - 1}}\left(\frac{1}{\varphi_i^*}\right)^k\right] = \left(\frac{k - \sigma + 1}{\sigma - 1}\right)\frac{f^e}{f^{hm}} \end{cases}$$

$$\Rightarrow \begin{cases} (\varphi_i^*)^{-k} + \phi\left(\frac{w_j^H}{w_i^H}\right)^{\frac{\sigma k}{\sigma - 1}}(\varphi_j^*)^{-k} = \left(\frac{k - \sigma + 1}{\sigma - 1}\right)\frac{f^e}{f^{hm}} \\ (\varphi_j^*)^{-k} + \phi\left(\frac{w_i^H}{w_j^H}\right)^{\frac{\sigma k}{\sigma - 1}}(\varphi_i^*)^{-k} = \left(\frac{k - \sigma + 1}{\sigma - 1}\right)\frac{f^e}{f^{hm}} \end{cases}$$

$$\Rightarrow \begin{cases} (\varphi_i^*)^{-k} + \phi\left(\frac{w_j^H}{w_i^H}\right)^{\frac{\sigma k}{\sigma - 1}}(\varphi_j^*)^{-k} = \left(\frac{k - \sigma + 1}{\sigma - 1}\right)\frac{f^e}{f^{hm}} \\ (\varphi_j^*)^{-k} = \left(\frac{k - \sigma + 1}{\sigma - 1}\right)\frac{f^e}{f^{hm}} - \phi\left(\frac{w_i^H}{w_j^H}\right)^{\frac{\sigma k}{\sigma - 1}}(\varphi_i^*)^{-k} \end{cases}$$

$$\Rightarrow (\varphi_i^*)^{-k} + \phi \left(\frac{w_j^H}{w_i^H} \right)^{\frac{\sigma k}{\sigma-1}} \left[\left(\frac{k-\sigma+1}{\sigma-1} \right) \frac{f^e}{f^{hm}} - \phi \left(\frac{w_i^H}{w_j^H} \right)^{\frac{\sigma k}{\sigma-1}} (\varphi_i^*)^{-k} \right]$$

$$= \left(\frac{k-\sigma+1}{\sigma-1} \right) \frac{f^e}{f^{hm}}$$

$$\Rightarrow (\varphi_i^*)^{-k} + \phi \left(\frac{w_j^H}{w_i^H} \right)^{\frac{\sigma k}{\sigma-1}} \phi \left(\frac{w_i^H}{w_j^H} \right)^{\frac{\sigma k}{\sigma-1}} (\varphi_i^*)^{-k}$$

$$= \left(\frac{k-\sigma+1}{\sigma-1} \right) \frac{f^e}{f^{hm}} - \phi \left(\frac{w_j^H}{w_i^H} \right)^{\frac{\sigma k}{\sigma-1}} \left(\frac{k-\sigma+1}{\sigma-1} \right) \frac{f^e}{f^{hm}}$$

$$\Rightarrow (1+\phi^2)(\varphi_i^*)^{-k} = \left(\frac{k-\sigma+1}{\sigma-1} \right) \left[1 - \phi \left(\frac{w_j^H}{w_i^H} \right)^{\frac{\sigma k}{\sigma-1}} \right] \frac{f^e}{f^{hm}}$$

$$\Rightarrow \frac{(\varphi_i^*)^k}{(1+\phi^2)} = \left(\frac{\sigma-1}{k-\sigma+1} \right) \left[\frac{1}{1 - \phi \left(\frac{w_j^H}{w_i^H} \right)^{\frac{\sigma k}{\sigma-1}}} \right] \frac{f^{hm}}{f^e}$$

$$\Rightarrow \varphi_i^* = \left\{ \left(\frac{\sigma-1}{k-\sigma+1} \right) \left[\frac{1+\phi^2}{1 - \phi \left(\frac{w_j^H}{w_i^H} \right)^{\frac{\sigma k}{\sigma-1}}} \right] \frac{f^{hm}}{f^e} \right\}^{\frac{1}{k}} \qquad (9.A.4)$$

類似地，我們可以得到國家 j 的生產力門檻：

$$\varphi_j^* = \left\{ \left(\frac{\sigma-1}{k-\sigma+1} \right) \left[\frac{1+\phi^2}{1 - \phi \left(\frac{w_i^H}{w_j^H} \right)^{\frac{\sigma k}{\sigma-1}}} \right] \frac{f^{hm}}{f^e} \right\}^{\frac{1}{k}} \qquad (9.A.5)$$

參考文獻

Baldwin, R. E. and Okubo, T. (2006). Heterogeneous firms, agglomeration and economic geography: Spatial selection and sorting. *Journal of Economic Geography, 6*(3), 323-346. https://doi.org/10.1093/jeg/lbi020

Caselli, F. (1999). Technological revolutions. *The American Economic Review, 89*(1), 78-102.

Dunne, T., Foster, L., Haltiwanger, J., and Troske, K. R. (2004). Wage and productivity dispersion in United States manufacturing: The role of computer investment. *Journal of Labor Economics, 22*(2), 397-429. https://doi.org/10.1086/381255

Helpman, E. (1998). The size of regions. In D. Pines, E. Sadka and I. Zilcha (Eds.). *Topics in public economics* (pp. 33-54): Cambridge University Press.

Krugman, P. R. (1991). Increasing returns and economic geography. *Journal of Political Economy, 99*(3), 483-499.

Melitz, M. J. (2003). The impact of trade on intra-industry reallocations and aggregate industry productivity. *Econometrica, 71*(6), 1695-1725.

Tabuchi, T., Thisse, J.-F., and Zhu, X. (2018). Does technological progress magnify regional disparities? *International Economic Review, 59*(2), 647-663. https://doi.org/10.1111/iere.12283

von Ehrlich, M. and Seidel, T. (2013). More similar firms — More similar regions? On the role of firm heterogeneity for agglomeration. *Regional Science and Urban Economics, 43*(3), 539-548. https://doi.org/10.1016/j.regsciurbeco.2013.02.007

Zhou, Y. (2020). Urban agglomeration and heterogeneous firms: A synthesis of Helpman and Melitz. *Journal of Economics, 130*, 275-296. https://doi.org/10.1007/s00712-020-00698-5

第 10 章 ｜ 聚集與資本累積

10.1 前言

經濟活動的空間分布與經濟成長之間強烈的正向關聯已被經濟史學家充分的討論（Hohenberg and Lees, 1985）。在實證研究上，儘管有文獻指出地理特徵（如國家之間的距離）或產業集中度與成長的正相關是不穩健的（Frankel and Romer, 1999; Bosker, 2007; Brülhart and Sbergami, 2009），但形成聚集的第二自然力量（市場潛力）與經濟成長率的正相關已經獲得支持（Jacks and Novy, 2018; Caruana-Galizia, Okubo, and Wolf, 2021）。

在理論架構上，經濟成長與經濟活動的空間分布是各自發展的兩個研究領域。在經濟成長研究中，主要討論的對象是以國家爲單位（Solow, 1957; Romer, 1990; Cass, 1965; Koopmans, 1963），經濟成長理論不會分析究竟經濟成長會發生在何處。另一方面，空間經濟學（新經濟地理學）則著重在經濟活動的空間分布，然而，新經濟地理如 CP 模型、FE 模型等，是靜態模型的架構，也就是沒有時間的概念，因此無從說明資本從何而來。具體來說，在給定固定資本、人力資本的存量下，新經濟地理分析這些資本的空間移動狀態。儘管在發展上，各自形成兩個重要的研究領域，但同樣也是受到相同理論發展脈絡的影響。具體來說，Dixit and Stiglitz（1977）、Krugman（1991）以及 Romer（1990）的模型設定反映出經濟理論研究討論不完全競爭市場的軌跡。

於 1999 年，Baldwin（1999）與 Martin and Ottaviano（1999）各自提出整合新經濟地理與經濟成長這兩個理論架構的研究。而此類的後續相關研究稱爲新經濟地理成長模型（New Economic Geography and Growth Models, NEGG），其中之一是 Baldwin（1999）整合 FC 模型與 Ramsey-Cass-Koopmans 模型，Martin and Ottaviano（1999）則整合 FC 模型與 Grossman and Helpman（1991）模型。這兩篇文章都解釋成

長在哪裡的問題。以下說明聚集與資本累積在這些模型的運作。資本累積是透過家戶投資（儲蓄）於投資部門，由投資部門生產資本，並提供資本給廠商使用，而資本的租金是家戶的收入之一。考慮資本累積在空間的運作，在貿易自由度低的時候，資本累積在各國都會發生；在貿易自由度高的時候，只有集中在核心國家有意願且能夠支付資本租金而發生資本累積，邊陲國家則因為無法支付資本租金使得資本累積的過程無法發生（Baldwin, 1999; Baldwin and Martin, 2004）。這兩篇文章的差異在於，在 Baldwin 的模型中，資本在長期均衡的時候維持固定的存量；在 MO 模型中，資本則會持續累積。此外，生產資本的技術有局部的外溢效果。

在不考慮聚集的情況下，Solow 新古典成長理論指出低所得國家與高所得國家之間差距會收斂並趨向一致；然而，當考慮空間因素時，Baldwin 的模型結果指出，在自由貿易後，兩個相同的國家（區域）之間的產業分布最終會呈現核心邊陲的模式。另外，兩國的人均實質 GDP 並不會有趨同收斂（convergence）的現象。Baldwin 的結果與過往新古典成長理論大不相同。另外，MO 模型的結果指出，所有的研發活動都集中在核心國家，那裡的企業數量較多，產業愈集中，成長率就愈高。由於引入了內生成長，他們指出在運輸成本低而核心國家的產業集中度增加時，邊陲國家的福利也會改善，這是因為空間集中帶來的創新率的提高，透過外溢效果也有利於邊陲國家。

在後續區域成長的研究中，Grafeneder-Weissteiner and Prettner（2013）關注人口結構的轉變與聚集經濟的關係。他們指出，1965 年至 2010 年間，儘管城市化進程和 65 歲以上人口比例穩步上升，但人口成長卻在放緩。他們整合 Baldwin（1999）與 Buiter（1988）的疊代模型（overlapping generation model, OLG），指出人口結構對於需求

和儲蓄模式乃至內生的聚集過程的重要性。首先，人口成長和代際更替（the turnover of generations）都發揮分散力的作用。具體來說，人口成長抑制了資本增加而導致支出的增加，這意味著更多的資源必須用於維持資本存量而不是支出；代際更替是指消費支出較高的老年人被消費支出較低的新生兒所取代，這種效應在資本存量較高的地區更為嚴重。代際更替意味著與資本存量上升相關的支出增加會減少。其次，人口老化減緩了世代更替，因此促進了聚集趨勢。相比之下，死亡率下降削弱了聚集過程，因為高人口成長率的影響比由於死亡率下降所導致的世代更替減少的效應更為強大。

在考慮中間財貿易方面，Yamamoto（2003）模型在（來自產品種類增加的）成長和聚集之間存在的正向循環因果關係裡，考慮 R&D 部門與中間財部門間接垂直關聯。間接垂直關聯是指創新活動以製造業商品作為投入，而製造業商品則以差異化的中間產品生產出來。在此背景下，他研究製造業商品運輸成本與中間財運輸成本之間的關係在經濟成長和聚集過程中的影響。其結果指出有兩種類型的穩態（steady state）：當製造業商品的運輸成本足夠低或足夠高時，該製造業商品的國際貿易則存在（不存在）。在前者，中間財部門的廠商完全集聚在一國，且成長率是最大的。在後者，製造業商品在兩國生產，廠商的空間分布為不完全聚集。特別是當中間財的運輸成本過高時，就無法實現經濟成長。最後，當這兩種穩態同時出現時，可發現多重均衡。透過這兩種國際貿易格局，我們可以瞭解東亞的成長和聚集機制以及戰後的工業化進程。

Peng, Thisse, and Wang（2006）指出地理特徵（如國家的面積、國家彼此之間的距離、是否有相連的國界、是否為內陸國家等）與聚集的正相關在實證上不穩健（Frankel and Romer, 1999），他們討論的重點

有：1. 在區域經濟整合中，就業聚集和產出成長是否必然呈正相關；2. 中間財貿易是否總是有利於經濟成長；3. 當技術勞工流動時，中間財貿易是否會擴大技術勞工與非技術勞工的薪資差距。在模型設定上，與 Yamamoto（2003）不同的是，他們在勞工方面分別考慮具遷移能力的技術勞工以及不具遷移能力的非技術勞工。首先，證明就業聚集和產出成長不一定是正相關的；其次，考慮技術勞工流動和中間財貿易時，中間財貿易並不總是有利於成長。此外，貿易也未必擴大技術勞工與非技術勞工的薪資差距。這具有重大意義，因為多種相反效應的存在使得很難預測貿易自由化對薪資不平等的總體影響。

就業集中度、產業集中度與聚集的正相關在實證上不穩健（Bosker, 2007; Brülhart and Sbergami, 2009），Davis and Hashimoto（2015）認為源自於規模效應（即成長與勞動力規模正相關）與產業集中度之間的正相關關係。他們重新審視產業集中度與經濟成長之間的關係，將重點從總體研發（R&D）活動轉移到製程創新，從而消除規模效應。在一個具有高支出與知識外溢的區域，產業集中度的提高會降低研發成本，從而產生兩種效應：第一個是產品開發效應，即創建新產品設計成本的下降而提高市場進入門檻；二是製程創新效應，即勞動生產率的提高而導致廠商層面製程創新就業人數增加，營業利潤下降，市場進入門檻降低。當製程創新效應占主導地位時，產業集中度與經濟成長之間存在正相關；當產品開發效應占主導地位時，產業集中度與經濟成長之間存在凸性關係（a convex relationship）。具體來說，隨著產業集中度的升高，與經濟成長之間的關係由負相關轉為正相關。

Aloi, Poyago-Theotoky, and Tournemaine（2022）指出，大多數國家的創新活動都集中在少數生產的地區。創新在空間聚集的主要原因之一是知識外溢在特定的地方更強。然而，並非所有廠商都必須在生產力

最高的地區運營，他們開發以寡占廠商進行研發爲特徵的模型來回答創新活動的地區差異，如何影響經濟地理、市場結構、成長率和地區間的不平等。其結果指出：首先，創新群聚和區域差異是內生的，與產業集中度和成長相關。其次，他們可以不依賴運輸（或擁擠）成本來解釋分散的創新活動，從而強調知識流動的摩擦是聚集經濟的根源。

最後，有文獻指出人們在國外待了幾年之後返回自己的國家（Dustmann and Weiss, 2007; Aydemir and Robinson, 2008），Fujishima（2013）認爲可能存在一種穩定的非定態均衡（stable nonstationary equilibrium），即具有移動能力的勞工首先聚集在一個地區，但其中一些人後來遷移到另一個地區。他開發一個以個體爲基礎的都市成長模型，可以解釋返鄉遷移等非定態區位均衡。他的結果指出，若住宅支出份額和交通成本都很小，則具有移動能力的勞工並不會終身待在同一個地區，且在某些條件下存在勞工返鄉遷移的均衡結果。

10.2 Baldwin（1999）模型設定

一個經濟體有兩個同質的國家：國家 1 與國家 2。市場上分別有農業部門、製造業部門與投資部門。生產要素分別有勞工 L 與資本 K。假設總人口是固定不變並提供勞動力，勞工不能夠在國際間自由移動，但能夠在部門之間自由轉換工作。兩國各自的人口數相同，即 $L_1 = L_2 = L/2$。製造業廠商則能夠在國際間自由移動。最後，投資部門生產資本。

10.2.1 家戶

假設家戶存活無窮期，效用源自於每個時間點所消費的兩種財貨：農產品以及製造業產品。效用函數爲：

$$u_i = \int_{t=0}^{\infty} e^{-\rho t} \ln c_{it}\, dt \, , \; c_{it} = M_{it}^{\mu} A_{it}^{1-\mu} \, , \; i = 1,\, 2 \qquad (10.1)$$

其中，$M_{it} = \left[\int_{n=0}^{N_t} m_{it}(n)^{\frac{\sigma-1}{\sigma}}\, dn\right]^{\frac{\sigma}{\sigma-1}}$ 為整合性製造業產品的消費，A 為農產品的消費，$0 < \mu < 1$ 為花費在製造業產品的支出比例，$m(n)$ 表示製造業產品項目 n 的消費量，$n \in [0, N_t]$，$\sigma > 1$ 代表任意兩個製造業產品項目間的替代彈性。我們假設農產品價格為 1。消費支出包含農業商品與製造業商品的消費支出，亦即：

$$\int_0^{N_{it}} m_{iit}(n)p_{iit}(n)\, dn + \int_0^{N_{jt}} m_{ijt}(n)p_{jit}(n)\, dn + p_{Ai} A_{it} = e_{it} \qquad (10.2)$$

其中 e_{it} 是家戶的消費支出，$p_{iit}(n)$ 與 $p_{jit}(n)$ 分別是在國家 i 與國家 j 生產的商品在國家 i 販售的價格，p_{Ai} 為農產品價格，N_{it} 與 N_{jt} 分別是在國家 i 與國家 j 的製造業廠商家數，且 $N_{it} + N_{jt} = N_t$。

10.2.2 投資部門

家戶的收入分別來自於資本所得 $\pi_{itm}k_{it}$ 與薪資所得 w_i。家戶透過儲蓄向投資部門取得資本的權利（概念上類似資產證券），並從投資部門獲得租金收入。另一方面，投資部門提供新的資本給新的製造業廠商，而這家廠商會每期支付租金予當地的投資部門。假設投資部門廠商面對完全競爭市場，平均地分布在兩國。投資部門廠商生產一單位新的資本時需要 $F > 0$ 單位的勞工，其中 F 為技術且為外生的常數。生產一單位新資本的邊際成本為 $w_i F$。資本累積方程式為：

$$\dot{k}_i = \frac{w_i + \pi_{itm}k_{it} - e_{it}}{w_i F} - \delta k_{it} \, , \; k_{i0} > 0 \, , \; i = 1,\, 2 \qquad (10.3)$$

其中 $\dot{k}_i$ 代表人均資本成長率，$\delta \in (0,1)$ 爲折舊率。第 (10.3) 式等號右邊第一項代表家戶每期可以獲得的新資本所有權數量，而第二項則是每期持有資本的折舊量。

10.2.3 農業部門

假設生產每單位農產品需要一單位的非技術勞工。此外，農產品運輸至其他國家時不需要運輸成本。農業部門面對固定規模報酬的完全競爭市場，農產品價格與非技術勞工薪資相同。以下令非技術勞工的薪資爲 $w_i = \overline{w}$。

10.2.4 製造業部門

假設製造業部門裡每家廠商生產一種產品項目，面對的市場是獨占性競爭市場。生產過程需要一單位當地生產的資本以及 $a_m M_{it}(n)$ 單位的勞工，則總成本 $TC(n)$ 包含（固定）資本租金成本 $\pi_{it}(n)$ 以及變動成本 $\overline{w} a_m M_{it}(n)$。

$$TC_{it}(n) = \pi_{it}(n) + \overline{w}\, a_m M_{it}(n) \qquad (10.4)$$

其中 a_m 是生產一單位產品的勞工投入量，$M_{it}(n) = m_{iit}(n) + \tau m_{ijt}(n)$ 是產品項目 n 的總生產量。當製造業產品從產地運輸至另一區域的市場販售時，需考慮運輸成本。假設運輸成本爲冰山（iceberg）形式（Samuelson, 1954），其中冰山成本之意爲產品 $\tau > 1$ 單位從產地運輸至另一國家的市場時，只剩下一單位的產品可供販售，運輸過程中損失的部分視爲運輸成本。這個假設無須另外設定運輸部門，大幅地簡化模型的設定。最後，國家 i 中的製造業廠商的利潤函數 $\Pi_{it}(n)$ 爲：

$$\Pi_{it}(n) = p_{iit}(n)m_{iit}(n) + p_{ijt}(n)m_{ijt}(n) - \overline{w}a_m M_{it}(n) - \pi_{itm} \qquad (10.5)$$

10.2.5 遷廠方程式

遷廠方程式為：

$$\frac{ds_{nit}}{dt} = s_{nit}(1 - s_{nit})(\pi_{itm} - \pi_{jtm}) \; , \; i, j = 1, 2 \text{ and } i \neq j \qquad (10.6)$$

其中，$s_{nit} = N_{it}/N_t$ 為時間點 t 時在國家 i 的製造業廠商比例。當每個廠商不再移動時，即 $\frac{ds_{nit}}{dt} = 0$，可得空間分布為 $s_{nit} = 1$、$s_{nit} = 0$ 或 $\pi_{itm} = \pi_{jtm}$。前兩個空間分布被稱為核心邊陲分布，因為廠商全部聚集在同一國家且沒有誘因移動，其中 $s_{nit} = 1$ 意思是區域 i 為核心區域，$s_{nit} = 0$ 的意思則是區域 i 為邊陲區域。最後，當兩國的租金成本相同，兩國各自都有製造業廠商，且他們都沒有誘因再遷廠，空間分布則為內部解，即 $s_{nit} \in (0,1)$。

10.3 Baldwin（1999）模型的市場均衡

在本節，於我們給定廠商區位的條件下求解市場均衡，穩態均衡的廠商區位將在下一節中求解。

10.3.1 家戶消費

給定消費支出，$m_{iit}(n)$ 與 $m_{jit}(n)$ 的消費量分別是：

$$m_{iit}(n) = p_{iit}(n)^{-\sigma}\mu e_{it}/G_{it}^{1-\sigma} \qquad (10.7)$$
$$m_{jit}(n) = p_{jit}(n)^{-\sigma}\mu e_{it}/G_{it}^{1-\sigma} \qquad (10.8)$$

$$G_{it} = \left[\int_0^{N_t} p_{it}(n)^{1-\sigma} \, dn \right]^{\frac{1}{1-\sigma}} \, , \, i, j = 1, 2 \text{ and } i \neq j \qquad （10.9）$$

其中 $p_{iit}(n)$ 是在國家 i 生產並販售的商品 n 的價格，$p_{jit}(n)$ 是在國家 j 生產並在國家 i 販售的商品 n 的價格，$G_i(t)$ 代表國家 i 的物價指數。因此，我們得到 $M_{it} = \mu e_{it}/G_{it}^{\mu}$ 與 $A_{it} = (1 - \mu)e_{it}$。接者，求解跨期消費均衡。Hamiltonian 為：

$$\max_{\{e_{it}, k_{it}\}} H = e^{-\rho t} \ln \left(\frac{e_{it}}{G_{it}^{\mu}} \right) + \left(\frac{\overline{w} + \pi_{itm} k_{it} - e_{it}}{\overline{w}F} - \delta k_{it} \right) \, , \, i = 1, 2 \qquad （10.10）$$

其中，$\lambda_t > 0$ 是所得的影子價格現值。一階條件如下：

$$e^{-\rho t} \frac{1}{e_{it}} = \frac{\lambda_t}{\overline{w}F} \qquad （10.11）$$

$$-\dot{\lambda} = \frac{\pi_{itm}}{\overline{w}F} \lambda_t - \delta \lambda_t \qquad （10.12）$$

$$\dot{k}_i = \frac{\overline{w} + \pi_{it} k_{it} - e_{it}}{\overline{w}F} - \delta k_{it} \qquad （10.13）$$

$$\lim_{t \to \infty} \lambda_t k_{it} = 0 \qquad （10.14）$$

第 (10.14) 式為橫截條件（transversality condition），意思是追求終身效用極大的家戶在最後一期並不會留下資本。第 (10.11) 式對時間取對數，再將第 (10.12) 式代入可以得到 Euler 方程式：

$$\frac{\dot{e}_i}{e_{it}} = \frac{\pi_{itm}}{\overline{w}F} - \delta - \rho \qquad （10.15）$$

第 (10.15) 代表家戶消費支出的模式。

10.3.2 製造業廠商定價

　　與前面的章節相同，在利潤極大化下，求解製造業廠商的定價。以下我們省略品項 n 的標記。透過一階條件，廠商的定價為：

$$p_{iit} = \frac{\sigma \overline{w}}{\sigma - 1} \text{，} p_{ijt} = \tau \frac{\sigma \overline{w}}{\sigma - 1} \text{，} i, j = 1, 2 \text{ and } i \neq j \qquad (10.16)$$

　　每家廠商使用一單位當地生產的資本，這表示製造業廠商家數與一國的資本存量是相同的，即 $N_{it} = K_{it}$。在獨占性競爭市場，均衡時製造業廠商的利潤為零，即 $\Pi_{it} = 0$，因此，我們可以得到在商品市場均衡時資本租金（固定成本）π_{it}：

$$\pi_{it} = \frac{\mu}{\sigma} \left[\frac{s_{Eit}}{s_{nit} + \phi(1 - s_{nit})} + \frac{\phi(1 - s_{Eit})}{1 - s_{nit} + \phi s_{nit}} \right] \left(\frac{E_t}{K_t} \right) \text{，} i, j = 1, 2 \qquad (10.17)$$

　　其中 $\phi = \tau^{1-\sigma}$，$s_{Eit} = E_{it}/E_t$。

10.3.3 勞動市場均衡

　　每一個國家的勞工供給固定為 $L/2$，他們受僱於三個部門的其中一個部門，因此，國家 i 的勞動市場均衡為：

$$\frac{L}{2} = L_{Ait} + L_{Mit} + L_{Iit} \qquad (10.18)$$

　　其中，L_{Ait}、L_{Mit}、L_{Iit} 分別是國家 i 的農夫數量、製造業勞工數量以及投資部門勞工需求數量。

10.4 Baldwin（1999）模型的穩態區位均衡

在長期穩態時，消費支出以及資本存量不會隨時間變化，即 $\dot{e}_i = 0$ 以及 $\dot{k}_i = 0$。以下討論一家製造業廠商如何決定進入哪一個國家。由於製造業廠商需要使用一單位的資本，這相當於進入成本。一家廠商必須能夠在進入國家 i 的市場以後，獲取足夠大的租金流才能負擔進入成本。令資本價格為 P_{Kit}，廠商自開始營運產生租金流的現值。此外，基於製造業廠商固定使用一單位資本，且資本存量在穩態時不隨時間改變，故資本租金此時也並不會隨時間而改變，即 $\dfrac{d\pi_{it}}{dt} = \dot{\pi}_i = 0$。

10.4.1 資本價格與 Tobin's q condition

生產資本的均衡條件是：一家製造業廠商在國家 i 所支付的資本價格，等於當生產一單位新資本時投資部門廠商的邊際成本 $\overline{w}F$。以下有三種狀況：1. 當一家廠商能在國家 1 但不能在國家 2 提供足夠大的租金流，則會向國家 1 的投資部門廠商取得資本進入市場；2. 當一家廠商不能在國家 1 但能在國家 2 提供足夠大的租金流，則會向國家 2 的投資部門廠商取得資本進入市場；3. 當一家廠商能夠在國家 1 與國家 2 提供足夠大的租金流，則會從所處的國家取得資本進入市場。這裡我們借用 Tobin's q condition 來描述三種情況。需注意的是，考量產業分布狀態，可以用以下三條方程式來表達：

$$\text{當 } s_{n1t} = 1 \text{，則 } P_{K1t} = \overline{w}F \text{ 但 } P_{K2t} < \overline{w}F \qquad (10.19)$$

$$\text{當 } s_{n1t} = 0 \text{，則 } P_{K1t} < \overline{w}F \text{ 但 } P_{K2t} = \overline{w}F \qquad (10.20)$$

$$\text{當 } 0 < s_{n1t} < 1 \text{，則 } P_{K1t} = \overline{w}F \text{ 且 } P_{K2t} = \overline{w}F \qquad (10.21)$$

　　第 (10.19) 式以及第 (10.20) 式為核心邊陲分布時的 Tobin's q condition，第 (10.21) 式則為非核心邊陲分布時的 Tobin's q condition。從第 (10.19) 式到第 (10.21) 式顯示，由於生產一單位新資本的成本是固定的，則資本價格不會隨時間變化，即 $\dfrac{dP_{Kit}}{dt}=\dot{P}_{Ki}=0$。接著，我們求解資本價格。考慮自然利率 $r\in(0,1)$、折舊率 δ 以及租金 π_{it}，可以得到：

$$P_{Kit}=\int_t^\infty \pi_{it}\exp[-(r+\delta)(\theta-t)]\,d\theta$$
$$\Rightarrow \ln P_{Kit}=\ln\pi_{it}+\ln\int_t^\infty\exp[-(r+\delta)(\theta-t)]\,d\theta \qquad (10.22)$$

接著，對第 (10.22) 式作時間的一階微分得到：

$$\frac{\dot{P}_{Ki}}{P_{Kit}}=\frac{\dot{\pi}_i}{\pi_{it}}+\frac{-1+\int_t^\infty(r+\delta)\times\exp[-(r+\delta)(\theta-t)]\,d\theta}{\int_t^\infty\exp[-(r+\delta)(\theta-t)]\,d\theta}$$
$$\Rightarrow 0=P_{Kit}\frac{-1+(r+\delta)\int_t^\infty\exp[-(r+\delta)(\theta-t)]\,d\theta}{\int_t^\infty\exp[-(r+\delta)(\theta-t)]\,d\theta}$$
$$\Rightarrow 0=\pi_{it}\left\{-1+(r+\delta)\int_t^\infty\exp[-(r+\delta)(\theta-t)]\,d\theta\right\}$$
$$\Rightarrow 0=\{-\pi_{it}+(r+\delta)P_{Kit}\}$$
$$\therefore\ P_{Kit}=\frac{\pi_{it}}{r+\delta} \qquad (10.23)$$

或者

$$r=\frac{\pi_{it}}{P_{Kit}}-\delta\ ,\ i=1,2 \qquad (10.24)$$

將第 (10.24) 式代入第 (10.15) 式（Euler 方程式）可以得到：

$$r - \rho = 0 \Rightarrow r = \rho \qquad (10.25)$$

此外，根據第 (10.23) 式與第 (10.25) 式，第 (10.19) 式至第 (10.21) 式可以改寫為：

當 $s_{n1t} = 1$，則 $\pi_{1t} = (\rho + \delta)\overline{w}F$ 但 $\pi_{2t} < (\rho + \delta)\overline{w}F$ $\qquad$ (10.26)

當 $s_{n1t} = 0$，則 $\pi_{1t} < (\rho + \delta)\overline{w}F$ 但 $\pi_{2t} = (\rho + \delta)\overline{w}F$ $\qquad$ (10.27)

當 $0 < s_{n1t} < 1$，則 $\pi_{1t} = (\rho + \delta)\overline{w}F$ 且 $\pi_{2t} = (\rho + \delta)\overline{w}F$ $\qquad$ (10.28)

須注意的是，當核心邊陲分布出現時，即使邊陲國家在期初擁有資本，但在長期穩態時製造業廠商無法在邊陲國家提供足夠的租金流給當地的投資部門，最後邊陲國家的資本會因為折舊而完全地耗盡；相對地，只有核心國家才會持續有資本生產。此外，由於生產每一單位新資本的成本是相同的，則製造業廠商每期的租金流也必須相同，與空間分布的狀態無關。

10.4.2 Baldwin（1999）模型兩國消費支出與資本存量總和

在穩態時，第 (10.3) 式可以改寫為：

$$\overline{w} + \pi_{itm}k_{it} - e_{it} = \overline{w}F \cdot \delta k_{it} \qquad (10.29)$$

第 (10.29) 式左邊代表家戶每期儲蓄，右邊則是生產新資本的邊際成本乘以資本折舊。具體來說，家戶為了維持資本存量需要透過儲蓄取得新的資本以彌補折舊的資本。第 (10.29) 式乘以各自國家人口可以得到：

$$\frac{\overline{w}}{2} + \pi_{itm} K_{it} - E_{it} = \overline{w} F \delta K_{it}$$

或者

$$\frac{\overline{w}}{2} + \pi_{itm} s_{nit} K_t - E_{it} = \overline{w} F \delta s_{nit} K_{it} \qquad (10.30)$$

接著，兩國的消費支出總和 E_t 為 $E_{1t} + E_{2t}$。需注意的是，當製造業廠商分布為 $s_{nit} = 0$ 時，該國在穩定下資本已經折舊耗盡，且該國並未有新資本產出，因此，該國的家戶將薪資用於消費支出，亦即第 (10.30) 式可以改寫為 $\frac{\overline{w}}{2} - E_{it} = 0$ 或 $\frac{\overline{w}}{2} = E_{it}$。由於 $K_{it} = s_{nit} K_t$，則兩國的消費支出總和不會受到製造業廠商分布的影響。因此，兩國的消費支出總和為：

$$\begin{aligned} E_t &= \overline{w} + \pi_{itm} s_{nit} K_t + \pi_{jtm}(1 - s_{nit}) K_t - \overline{w} F \delta K_t \\ &= \overline{w} + b E_t - \delta \overline{w} F K_t \end{aligned} \qquad (10.31)$$

其中，$b = \mu/\sigma$。為了代換第 (10.31) 式右邊的 $\overline{w} F K_t$，我們需要運用第 (10.19) 式至第 (10.21) 式。當核心邊陲分布出現時，如 $s_{n1t} = 1$，則 $K_{it} = K_t$，且 $\pi_{itm} K_{it} = \pi_{jtm} K_t = (\rho + \delta) \overline{w} F K_t$，又可進一步推算得到 $\overline{w} F K_t = \dfrac{b}{\rho + \delta} E_t$；[1] 當產業分布為內解時，即 $0 < s_{n1t} < 1$，則 $K_{it} + K_{jt} = K_t$，且 $\pi_{itm} K_{it} + \pi_{jtm} K_{jt} = \pi_{itm} s_{nit} K_t + \pi_{jtm}(1 - s_{nit}) K_t = (\rho + \delta) \overline{w} F K_t$，又可進一步推算得到 $\overline{w} F K_t = \dfrac{b}{\rho + \delta} E_t$。由上面分析可知，無論產業的分布為何，

1　當 $s_{n1t} = 0$，我們也會得到相同的答案。

$\overline{w} FK_t = \dfrac{b}{\rho + \delta} E_t$。因此，我們可以將第 (10.31) 式改寫爲：

$$E_t = \overline{w} + bE_t - \delta \frac{b}{\rho + \delta} E_t = \overline{w} + \frac{\rho b}{\rho + \delta} E_t$$

$$\Rightarrow E_t = \frac{\overline{w}}{1 - \dfrac{\rho b}{\rho + \delta}} \qquad\qquad （10.32）$$

以下我們令 $B = \dfrac{\rho b}{\rho + \delta}$。透過 $\overline{w} FK_t = \dfrac{b}{\rho + \delta} E_t$，我們也可以得到兩國的資本存量總和爲：

$$K_t = \frac{b}{(\rho + \delta)(1 - B) F} \qquad\qquad （10.33）$$

10.4.3 區位均衡

由於製造業廠商在穩態時沒有動機遷移，亦即第 (10.6) 式等於零，區位均衡的結果爲廠商完全聚集在兩國其中一國，或者分布在兩國。我們可以將 $\pi_{1t} = \pi_{2t}$ 代入第 (10.17) 式，以國家 1 爲例，可得：

$$s_{n1} = \frac{1}{2} + \frac{1 + \phi}{1 - \phi}\left(s_{E1} - \frac{1}{2}\right) \qquad\qquad （10.34）$$

此外，當 $s_{E1} \in \left[0, \dfrac{\phi}{1 + \phi}\right)$ 時，$s_{n1} = 0$；當 $s_{E1} \in \left(\dfrac{1}{1 + \phi}, 0\right]$ 時，$s_{n1} = 1$，這表示製造業廠商會集中於兩國其中之一。第 (10.34) 式表達支出移轉會影響製造業廠商分布。我們命名第 (10.34) 式爲 nn 線。此外，貿易自由度的高低會影響 nn 線的斜率，隨著貿易自由度愈高，nn 線斜率愈

大。接著，整理國家 1 的消費支出 E_{1t} 得到：

$$E_{1t} = \frac{\overline{w}}{2} + \pi_{1tm}K_{1t} - \overline{w}F\delta K_{1t} \qquad (10.35)$$

第 (10.26) 式至第 (10.28) 式顯示，無論製造業廠商分布如何，租金 π_{itm} 等於 $(\rho + \delta)\overline{w}F$，因此，第 (10.17) 式租金可以改寫為：[2]

$$\pi_{itm} = \frac{bE_t}{K_t} \qquad (10.36)$$

將第 (10.36) 式代入第 (10.35) 式並除以 E_t 得到：

$$\frac{E_{1t}}{E_t} = \frac{\overline{w}}{2E_t} + b\frac{K_{1t}}{K_t} - \frac{\overline{w}F\delta K_{1t}}{E_t}$$

$$\Rightarrow s_{E1} = \frac{1}{2}(1 - B) + bs_{n1} - \frac{\overline{w}F\delta s_{n1}K_t}{E_t}$$

$$\Rightarrow s_{E1} = \frac{1}{2}(1 - B) + bs_{n1} - \frac{\delta}{\rho + \delta}bs_{n1}$$

$$\therefore s_{E1} = \frac{1}{2}(1 - B) + s_{n1}B \qquad (10.37)$$

由第 (10.37) 式可知 $\frac{\partial s_{E1}}{\partial s_{n1}} > 0$，表示若製造業廠商分布 s_{n1} 增加，則支出份額 s_{E1} 也會增加。我們命名第 (10.37) 式為 EE 線。

透過第 (10.34) 式與第 (10.37) 式，我們可以得到區位均衡。以下使用與第 4 章相同的方式來說明。首先，我們來說明高貿易自由度時的

2　具體來說，$\pi_{itm} = (\rho + \delta)\overline{w}F = \pi_{jtm}$，將第 (10.17) 式代入可以推得 $\pi_{itm} = \frac{bE_t}{K_t}$。

情況（見圖 10.1）。nn 線的右半部代表 $\dfrac{ds_{nit}}{dt}>0$，表示製造業廠商會從

國家 2 往國家 1 移動；反之，nn 線的左半部代表 $\dfrac{ds_{nit}}{dt}<0$，表示製造業

廠商會從國家 1 往國家 2 移動。在圖中，nn 線大於 EE 線斜率，製造業
廠商會呈現核心邊陲分布。當低貿易自由度時，nn 線小於 EE 線斜率，
製造業廠商會呈現對稱分布，如圖 10.2。從圖 10.1 與圖 10.2 來看，在
Baldwin 模型裡，不包括核心邊陲分布與對稱分布同時存在的穩定解。
此外，核心邊陲分布的出現是驟變的。圖 10.3 表示隨著貿易自由度改
變的區位均衡，其中 ϕ_B 代表突破點。當貿易自由度小於 ϕ_B 時，製造
業廠商在兩國呈現對稱分布；當貿易自由度大於 ϕ_B 時，製造業廠商在
兩國的分布呈現核心邊陲型態。突破點的計算如下：nn 線與 EE 線是
直線，隨著貿易自由度愈大，nn 線的斜率愈大，當兩線重合時，穩定
的對稱分布將轉變為不穩定的均衡，此時的貿易自由度即為突破點。因
此，我們透過兩線的斜率相等時求得突破點為：

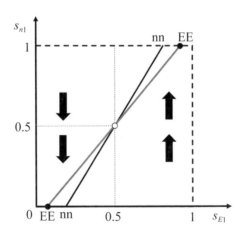

圖 10.1　高貿易自由度時，製造業廠商分布是核心邊陲分布

$$\phi_B = \frac{1-B}{1+B} = \frac{1 - \dfrac{\mu\rho}{\sigma(\rho+\delta)}}{1 + \dfrac{\mu\rho}{\sigma(\rho+\delta)}} \tag{10.38}$$

第 (10.38) 表示突破點 ϕ_B 的大小，取決於製造業商品份額 μ、時間偏好率 ρ、替代彈性 σ 以及折舊率 δ。當製造業商品份額或時間偏好率愈高，則突破點愈低；當替代彈性或折舊率愈高，則突破點愈高。

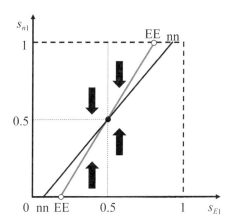

圖 10.2　低貿易自由度時，製造業廠商分布是對稱分布

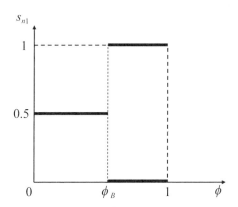

圖 10.3　Baldwin 模型的戰斧圖

10.5 Martin and Ottaviano（1999）模型設定與市場均衡

Martin and Ottaviano（1999）與 Baldwin（1999）模型在許多設定上是相同的，如家戶消費行為、農夫與製造業廠商的生產等。因此，我們在這裡僅提及相異的地方。在 MO 模型中，資本為專利權的知識資本，該項專利權只能在當地使用。投資部門廠商生產一單位新的資本時，需要 $F_{it} > 0$ 單位的勞工。然而，F_{it} 不再是外生的資本生產技術，而是除了隨著當地的資本累積而提升，也包含來自另一國家的知識外溢。具體來說，$F_{it} = \dfrac{1}{[s_{nit} + \zeta(1 - s_{nit})] K_t}$。生產一單位新資本的邊際成本為 $\overline{w}F_{it}$。資本累積方程式則改為：

$$\dot{k}_i = \frac{w_i + \pi_{itm}k_{it} - e_{it}}{\overline{w}F_{it}} - \delta k_{it} , \ k_{i0} > 0, \ i = 1, 2 \qquad （10.39）$$

須注意的是，一個國家內有許多家戶，每位家戶無法影響資本的生產技術 F_{it}；換言之，知識外溢的資本生產技術 F_{it} 對於家戶是外生的。因此，我們也能得到類似的 Euler 方程式：

$$\frac{\dot{e}_i}{e_{it}} = \frac{\pi_{itm}}{\overline{w}F_{it}} - \delta - \rho \qquad （10.40）$$

接著，其他關鍵的方程式，第 (10.16) 式、第 (10.17) 式以及第 (10.18) 式，都是相同的。

10.6 Martin and Ottaviano（1999）模型的穩態區位均衡

在長期穩態時，只有消費支出不會隨時間變化，即 $\dot{e}_i = 0$。然而，資本存量則會隨時間而改變，$\dot{k}_i \neq 0$，這是內生成長的特徵。同樣地，由於製造業廠商會需要使用一單位的資本，這相當於進入成本。一家廠商必須能夠在進入國家 i 的市場以後，創造足夠大的租金流以負擔進入成本。

10.6.1 Martin and Ottaviano（1999）模型的 Tobin's q condition

資本價格 P_{Kit} 為：

$$P_{Kit} = \int_t^\infty \pi_{it} \exp[-(r+\delta+g)(\theta-t)]\, d\theta \qquad (10.41)$$

根據積分公式以及消費支出不再成長（$r = \rho$），第 (10.41) 式可以改寫為：

$$P_{Kit} = \frac{\pi_{it}}{\rho+\delta+g} \qquad (10.42)$$

因此，MO 模型的 Tobin's q condition 分別為：

當 $s_{n1t} = 1$，$\pi_{1t} = (\rho + \delta + g)\overline{w}F_{1t}$ 且 $\pi_{2t} < (\rho + \delta + g)\overline{w}F_{2t}$ （10.43）

當 $s_{n1t} = 0$，$\pi_{1t} < (\rho + \delta + g)\overline{w}F_{1t}$ 且 $\pi_{2t} = (\rho + \delta + g)\overline{w}F_{2t}$ （10.44）

當 $0 < s_{n1t} < 1$，$\pi_{1t} = (\rho + \delta + g)\overline{w}F_{1t} = \pi_{2t} = (\rho + \delta + g)\overline{w}F_{2t}$ （10.45）

10.6.2 Martin and Ottaviano（1999）模型的經濟成長率與兩國消費支出總和

第 (10.39) 式乘以每國人口數再除以該國資本存量，得到一國消費支出總和為：

$$\frac{\dot{K}_i}{K_{it}} = g = \frac{\frac{\overline{w}}{2} + \pi_{itm}K_{it} - E_{it}}{\overline{w}F_{it}K_{it}} - \delta$$

$$\Rightarrow E_{it} = \frac{\overline{w}}{2} + \pi_{itm}K_{it} - (g+\delta)\overline{w}F_{it}K_{it}，i = 1, 2 \qquad (10.46)$$

兩國消費支出總和則為：

$$E_t = E_{1t} + E_{2t}$$

$$= \overline{w} + bE_t - \overline{w}(g+\delta)\left[\frac{s_{n1t}}{s_{n1t} + \xi(1-s_{n1t})} + \frac{1-s_{n1t}}{\xi s_{n1t} + (1-s_{n1t})}\right]$$

$$\Rightarrow E_t = \frac{\overline{w} - \overline{w}(g+\delta)\left[\frac{s_{n1t}}{s_{n1t} + \xi(1-s_{n1t})} + \frac{1-s_{n1t}}{\xi s_{n1t} + (1-s_{n1t})}\right]}{1-b} \qquad (10.47)$$

第 (10.47) 式顯示兩國消費支出總和會受到產業分布的影響。接著，我們分別考慮對稱分布與核心邊陲分布的情形。在對稱分布的情況下，$s_{n1t} = 0.5$，兩國消費支出總和 E_t 為：

$$E_t = \frac{\overline{w} - 2\overline{w}\left(\frac{g+\delta}{1+\xi}\right)}{1-b} \qquad (10.48)$$

在對稱分布下，$s_{n1t} = 0.5$ 以及 $s_{E1t} = 0.5$。此外，$\pi_{1t} = \pi_{2t} = bE_t/K_t$，

$F_{1t} = F_{2t} = \dfrac{1}{0.5(1+\xi)K_t}$。透過 Tobin's q condition 以及第 (10.48) 式，可得

到經濟成長率 g_{sym}：

$$\pi_{1t} = (\rho + \delta + g)\overline{w}F_{1t}$$

$$\Rightarrow \frac{bE_t}{K_t} = \frac{(\rho+\delta+g)\,\overline{w}}{0.5(1+\xi)\,K_t}$$

$$\Rightarrow \frac{b[1 - 2(g+\delta)]}{1-b} = \frac{\rho+\delta+g}{0.5(1+\xi)}$$

$$\Rightarrow g_{sym} = \frac{b(1+\xi)}{2} - (1-b)\rho - \delta \qquad (10.49)$$

將 g_{sym} 代入第 (10.48) 式得到：

$$E_{sym} = \frac{\overline{w} - 2\overline{w}\left[\dfrac{\dfrac{b(1+\xi)}{2} - (1-b)\rho - \delta + \delta}{1+\xi}\right]}{1-b}$$

$$= \frac{\overline{w} - b\overline{w} + 2\overline{w}\dfrac{(1-b)\rho}{1+\xi}}{1-b}$$

$$\Rightarrow E_{sym} = \overline{w} + \frac{2\overline{w}\rho}{1+\xi} \qquad (10.50)$$

從第 (10.49) 式可知，當外溢效果 ξ 增加時，每一國家的經濟成長
率 g_{sym} 也會增加。在核心邊陲分布的情況下，以 $s_{n1t} = 1$ 為例，兩國消
費支出總和 E_t 為：

$$E_t = \frac{\overline{w} - \overline{w}(g+\delta)}{1-b} \qquad (10.51)$$

類似地，$\pi_{1t} = bE_t/K_t$ 且 $F_{1t} = \dfrac{1}{K_t}$。透過 Tobin's q condition 以及第 (10.51) 式，可得經濟成長率 g_{cp}：

$$\pi_{1t} = (\rho + \delta + g)\overline{w}F_{1t}$$
$$\Rightarrow \frac{bE_t}{K_t} = \frac{(\rho + \delta + g)\,\overline{w}}{K_t}$$
$$\Rightarrow \frac{b[1 - (g + \delta)]}{1 - b} = \rho + \delta$$
$$\Rightarrow g_{cp} = b - (1 - b)\rho - \delta \qquad （10.52）$$

將 g_{cp} 代入第 (10.51) 式得到：

$$E_{cp} = \frac{\overline{w} - \overline{w}[b - (1 - b)\rho - \delta + \delta]}{1 - b}$$
$$= \frac{(1 - b)\,\overline{w} + (1 - b)\rho}{1 - b}$$
$$\Rightarrow E_{cp} = \overline{w} + \rho \qquad （10.53）$$

比較 g_{sym} 與 g_{cp} 可知，核心邊陲分布的經濟成長率高於對稱分布的時候，即 $g_{cp} - g_{sym} = \dfrac{b(1 - \xi)}{2} > 0$。這結果顯示，經濟成長率會受到產業空間分布的影響。

10.6.3 Martin and Ottaviano（1999）模型的區位均衡

在 Martin and Ottaviano（1999）模型中，產業的均衡空間分布能夠透過 nn 線與 EE 線求得。由於過程相當地複雜，其推導概念與第 10.4.3 小節類似。具體來說，基於兩國為內部均衡時，透過 Tobin's q condition 得到 nn 線；類似地，基於兩國為內部均衡時，透過 Tobin's q condition 推算得到一國的消費支出總和後，再除以兩國消費支出總和，即可得到 EE 線。令 $\Psi_1 = s_{n1} + \xi(1 - s_{n1})$ 以及 $\Psi_2 = \xi s_{n1} + (1 - s_{n1})$，以下分別是 Martin and Ottaviano（1999）模型的 nn 線與 EE 線：

$$nn \text{ 線：} s_{E1} = \frac{1}{2} + \frac{-2\phi + \xi(1+\phi^2)(s_{n1} - 0.5)}{(1 - \phi^2)[(1 - s_{n1})\Psi_1 + s_{n1}\Psi_2]} \tag{10.54}$$

$$EE \text{ 線：} s_{E1} = \frac{1}{2} + \frac{\rho\xi(s_{n1} - 0.5)}{\Psi_1\Psi_2 + \rho[s_{n1}\Psi_1 + (1 - s_{n1})\Psi_2]} \tag{10.55}$$

　　基於第 (10.54) 式以及第 (10.55) 式，我們繪製 Martin and Ottaviano（1999）模型的戰斧圖，如圖 10.4。當貿易自由度低的時候，產業呈現對稱分布；當貿易自由度高的時候，產業則是核心邊陲分布。與 Baldwin（1999）模型不同的是，Martin and Ottaviano（1999）模型存在突破點 ϕ_B 以及維持點 ϕ_S。此外，突破點低於維持點，而且核心邊陲分布的出現不是驟變的。因此，圖 10.4 的結果表示因為 Martin and Ottaviano（1999）模型在資本的生產技術考慮知識外溢，聚集力在 Martin and Ottaviano（1999）模型比 Baldwin（1999）模型來得弱。

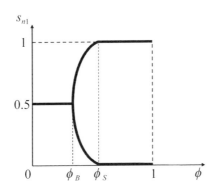

圖 10.4　Martin and Ottaviano（1999）模型的戰斧圖

參考文獻

Aloi, M., Poyago-Theotoky, J., and Tournemaine, F. (2022). The geography of knowledge and R&D-led growth. *Journal of Economic Geography, 22*(6), 1149-1190. https://doi.org/10.1093/jeg/lbab019

Aydemir, A. and Robinson, C. (2008). Global labour markets, return, and onward migration. *Canadian Journal of Economics, 41*(4), 1285-1311. https://doi.org/10.1111/j.1540-5982.2008.00504.x

Baldwin, R. E. (1999). Agglomeration and endogenous capital. *European Economic Review, 43*(2), 253-280.

Baldwin, R. E. and Martin, P. (2004). Agglomeration and regional growth. In *Handbook of Regional and Urban Economics: Cities and Geography* (Vol. 4, pp. 2671-2711): Elsevier.

Bosker, M. (2007). Growth, agglomeration, and convergence: A space-time analysis for European regions. *Spatial Economic Analysis, 2*(1), 91-100. https://doi.org/10.1080/17421770701255237

Brülhart, M. and Sbergami, F. (2009). Agglomeration and growth: Cross-country evidence. *Journal of Urban Economics, 65*(1), 48-63. https://doi.org/10.1016/j.jue.2008.08.003

Buiter, W. H. (1988). Death, birth, productivity growth and debt neutrality. *The Economic Journal, 98*(391), 279-293.

Caruana-Galizia, P., Okubo, T., and Wolf, N. (2021). Underlying sources of growth: First and second nature geography. In S. Broadberry and K. Fukao (Eds.). *The Cambridge Economic History of the Modern World* (pp. 382-417). Cambridge University Press. https://doi.org/10.1017/9781316671603.015

Cass, D. (1965). Optimum growth in an aggregative model of capital accumulation. *Review of Economic Studies, 32*(3), 233-240.

Davis, C. and Hashimoto, K.-I. (2015). Industry concentration, knowledge diffusion and economic growth without scale effects. *Economica, 82*(328), 769-789. https://doi.org/10.1111/ecca.12129

Dixit, A. K. and Stiglitz, J. E. (1977). Monopolistic competition and optimum product diversity. *The American Economic Review, 67*(3), 297-308.

Dustmann, C., & Weiss, Y. (2007). Return migration: Theory and empirical evidence from the UK. *British Journal of Industrial Relations, 45*(2), 236-256. https://doi.org/10.1111/j.1467-8543.2007.00613.x

Frankel, J. A. and Romer, D. (1999). Does trade cause growth? *American Economic Review, 89*(3), 379-399.

Fujishima, S. (2013). Growth, agglomeration, and urban congestion. *Journal of Economic Dynamics and Control, 37*(6), 1168-1181. https://doi.org/10.1016/j.jedc.2013.02.001

Grafeneder-Weissteiner, T. and Prettner, K. (2013). Agglomeration and demographic change. *Journal of Urban Economics, 74*, 1-11. https://doi.org/10.1016/j.jue.2012.09.001

Grossman, G. M. and Helpman, E. (1991). *Innovation and growth in the global economy*. The MIT Press.

Hohenberg, P. M., & Lees, L. H. (1985). *The making of urban Europe, 1000-1994: With a new preface and a new chapter*. Cambridge, MA: Harvard University Press.

Jacks, D. S. and Novy, D. (2018). Market potential and global growth over the long twentieth century. *Journal of International Economics, 114*, 221-237. https://doi.org/10.1016/j.jinteco.2018.07.003

Koopmans, T. C. (1963). *On the concept of optimal economic growth* (No. 163). Cowles Foundation for Research in Economics, Yale University.

Krugman, P. R. (1991). Increasing returns and economic geography. *Journal of Political Economy, 99*(3), 483-499.

Martin, P. and Ottaviano, G. I. P. (1999). Growing locations: Industry location in a model of endogenous growth. *European Economic Review, 43*(2), 281-302.

Peng, S.-K., Thisse, J.-F., and Wang, P. (2006). Economic integration and agglomeration in a middle product economy. *Journal of Economic Theory, 131*(1), 1-25. https://doi.org/10.1016/j.jet.2005.06.005

Romer, P. M. (1990). Endogenous technological change. *Journal of Political Economy, 98*(5), S71-S102.

Samuelson, P. (1954). The transfer problem and transport costs, II: Analysis of effects of trade impediments. *The Economic Journal, 64*(254), 264-289.

Solow, R. M. (1957). Technical change and the aggregate production function. *Review of Economics and Statistics, 39*(3), 312-320.

Yamamoto, K. (2003). Agglomeration and growth with innovation in the intermediate goods sector. *Regional Science and Urban Economics, 33*(3), 335-360. https://doi.org/10.1016/s0166-0462(02)00032-7

第 11 章 ｜未來展望

11.1 區域政策：新經濟地理的啟發

本書提到三個空間經濟的問題：為什麼經濟活動在空間的分布呈現不均的狀態？不同城市的勞工／廠商是否依技能／生產力分類、排序？為什麼許多國家或區域之間存在長久且巨大的差距？這三個問題對於政府而言面臨到的議題即是：經濟活動高度集中於城市，出現區域發展在城鄉間的差距；技術人才的分布在區域間也出現差距；最後，區域之間的差距並未隨時間而縮小。

新經濟地理提供了六個政策意涵（Ottaviano, 2003）：如區域副效應（regional side effect）、貿易互動效應（trade interaction effect）、門檻效應（threshold effect）、鎖定效應（lock-in effect）、選擇效應（selection effect）與協調作用（coordination effect）。區域副效應是指各種「非區域」政策，對經濟活動的均衡區域分配產生影響。舉例來說，促進產業競爭的政策提高商品的替代彈性讓經濟活動分布傾向分散。因此，對非區域政策的評估，卻未考慮產生的經濟主體流動性，將造成極為偏頗的結果，這個論點與 1976 年盧卡斯批判（Lucas critique）相似（Ottaviano, 2003）。[1] 貿易互動效應是指貿易或經濟整合的變化，對經濟活動的均衡空間分布產生重大影響。舉例來說，降低貿易自由度的保護主義讓經濟活動分布傾向分散。門檻效應是指政策需要達到臨界規模，才能對經濟活動的均衡空間分布產生影響。舉例來說，空間分布為核心邊陲分布時，政府希望透過補貼吸引廠商從核心區域遷移至邊陲區域，政府的補貼必須提供廠商高於在核心區域的聚集租，任何低於門檻值的補貼不會改變廠商的區位。鎖定效應指暫時的政策改變，也會對經濟活動的均衡空間分布產生長久的鎖定影響，例如：當貿

1　盧卡斯批判的重點在於人們會因為政策而改變行為，使得政策的效果不如預期。

易自由度較高時，廠商的空間分布為聚集於核心區，此時邊陲區若能提供足夠的補貼而使廠商願意遷移過來，則不需長期的補貼，因為新的聚集具有自我強化效果。除非有更大的政策改革，否則難以改變政策對空間分布的影響。選擇效應是指在多重均衡的情況下，政策介入能夠決定選擇哪一種均衡空間分配的結果，例如：若廠商初始均勻分布在各個地區，當貿易自由度升高，分散的分布變得不穩定而朝向聚集於一區，但是聚集在哪一區則不確定，此時，政府只需要補貼極少數的廠商進駐在選定的一區，因為聚集的自我強化效果使得聚集租出現並吸引其他廠商進駐，最後形成產業群聚。因此，政策介入可當成一種選擇的工具。最後，協調作用涉及到自我預期的實現，具體來說，政府吸引廠商進駐一地區的補貼政策是值得信賴的，使得廠商對於該地區的未來產生樂觀的看法，並且進駐於該地區。

　　新經濟地理模型不強調自然稟賦的差異性，只要有提供少數廠商有遷移的誘因到政府指定的地區，透過聚集的自我強化效果，能夠在指定的地區產生產業聚集。然而，Baldwin and Okubo（2006）與相關文獻更深入地探討在指定地區有提供誘因的區域政策，是否真能夠達成區域平衡發展之目的。由於廠商除了產品存在異質性以外，生產力也存在著異質性。具體來說，政府提供經濟誘因吸引特定產業的廠商到指定的地區，因為生產力異質性使得廠商對於政府的誘因有著不同的反應程度，因此，區域平衡發展之目的可能無法達到。最後，新經濟地理成長模型除了包含新經濟地理的政策意涵外，並且指出，當貿易自由度高時，只有少數特定區域有資本累積，且區域間收入差距不會縮小。然而，知識外溢的效果能弱化聚集力，因此，促進知識外溢的經濟活動能夠減緩經濟活動的聚集，而縮小區域間收入的差距。

11.2 研究前沿

　　自 1991 年以來，新經濟地理發展出豐富的研究成果，然而仍有其缺點。第一個缺點是：新經濟地理在空間的設定因為模型高度的複雜性而採取一種相對位置、抽象的空間概念，這不同於傳統空間經濟學等相關文獻（Alonso, 1964; Hotelling, 1929; Salop, 1979）設定的線性或圓形等空間設定（Redding and Rossi-Hansberg, 2017）。這種設定使得第一自然在分析過程中被忽略。其次，儘管新經濟地理起初是以數值模擬分析得到結果（Krugman, 1991），爾後有許多文獻提供可分析解來脫離對於數值模擬的依賴（Martin and Rogers, 1995; Forslid and Ottaivano, 2003; Ottaviano et al., 2002）。然而，這些文章並未提供實證研究應該如何估計或以資料來分析經濟現象，又或者在政府政策建議上仍偏向定性的敘述，而未能說明現況落在理論模型當中哪種狀態，政策應該如何執行，相關重要變數（如薪資、物價等）將會如何變動（Redding, 2010; Redding and Rossi-Hansberg, 2017）。為了補足忽略空間以及未能提供實證研究如何估計的缺點，最新的進展是與數據資料結合的量化架構，被稱為量化空間經濟學（quantitative spatial economics, QSE），其中這個架構是源自於國際貿易的量化架構，Eaton and Kortum（2002）（以下簡稱 EK 模型）是貿易理論近 20 年以來熱門的模型之一。以下我們簡單介紹 EK 模型，並說明 QSE 如何採用 EK 模型的架構以補足新經濟地理的不足。

　　EK 模型開發包含地理作用的 Richard 國際貿易架構的量化模型（基於技術差異的模型），該模型捕獲了促進貿易的比較優勢和抑制貿易的地理壁壘（自然的和人為的）之間的競爭力量。這些地理障礙反映了無數障礙，例如：運輸成本、關稅和配額、延誤以及遠距離談判的問題。他們的理論顯示，雙邊貿易額遵循類似於重力方程式（gravity

equation）的結構，即貿易額與距離成反比，但貿易額與進出口國 GDP
成正比。鑑於重力方程式在解釋貿易資料方面十分契合，這一結果讓
EK 模型成爲主流的架構之一。在技術差異的設定上，不同於 Melitz
（2003）的一系列文章對於生產力分布採用的假設是 Pareto 分布，EK
模型的一系列文章則是採用 Fréchet 分布（極值分配第 2 型），其經濟
意涵是在眾多的技術項目當中各國生產採用最先進技術，[2] 而消費者會從
各國商品中選擇價格最低者，出口國提供給進口國爲最低價格的機率可
以推導出重力方程式。對應到計量經濟模型，類似於 McFadden（1974）
提出的離散選擇模型（discrete choice model），只不過 McFadden
（1974）假設 Gumbel 分布（極值分配第 1 型）。基於 EK 模型，
QSE 通常在效用函數設定偏好誤差項捕捉到消費者對於每個區位有偏
好的個體差異，並且服從 Fréchet 分布（Ahlfeldt et al., 2015; Monte et
al., 2018; Desmet et al., 2018; Allen and Donaldson, 2022; Kleinman et
al., 2023）。另外，Behrens and Murata（2021）開發出整合 Helpman
（1998）以及 McFadden（1974）的量化空間經濟模型。綜觀 QSE 的模
型發展，Redding（2023）指出這些模型的一個重要見解是，所觀察到
的城市內經濟活動的集中不能僅用自然優勢來解釋，而是需要大量的聚
集力量。在政策分析方面，由於這些模型直接與觀察到的數據相關，因
此可以用來估計聚集力量的強度，或者模擬預測現實公共政策干預的影
響，例如：給定的城市，沿著特定路線建設一條新的地鐵線路。

2　設定 Fréchet 分布是來自於 Kortum（1997），推導過程見章末附錄 11.A.1。

11.A 附錄

11.A.1 Eaton and Kortum（2002）假設 Fréchet 分布的理論基礎

令 Z_m 為可執行生產技術的隨機變數，其中，技術類型 $m \in \{1, 2, \dots, N\}$。技術 Z_m 被採用的機率為：

$$\tilde{F}(z) \equiv \Pr[Z_m \le z] = \Pr[Z_1 \le z] \cdot \Pr[Z_2 \le z] \cdot \dots \cdot \Pr[Z_N \le z]$$
$$= [G(z)]^N \tag{11.A.1}$$

根據 Kortum（1997），假設 $G(z)$ 是服從 Pareto 分布，即 $1 - Tz^{-\theta}$，則：

$$\tilde{F}(z) = (1 - Tz^{-\theta})^N \tag{11.A.2}$$

接著，$\tilde{F}\left(zN^{\frac{1}{\theta}}\right) = \left[1 - \dfrac{Tz^{-\theta}}{N}\right]^N$。當 $N \to \infty$，我們可以得到：

$$F(z) \equiv \lim_{N \to \infty} \tilde{F}\left(zN^{\frac{1}{\theta}}\right) = \lim_{N \to \infty}\left(1 - \frac{Tz^{-\theta}}{N}\right)^N = e^{-Tz^{-\theta}} \tag{11.A.3}$$

第 (11.A.3) 式顯示，在許多技術類型當中（$N \to \infty$），最先進技術被採用服從 Fréchet 分布。

參考文獻

Ahlfeldt, G. M., Redding, S. J., Sturm, D. M., and Wolf, N. (2015). The economics of density: Evidence from the Berlin Wall. *Econometrica, 83*(6), 2127-2189. https://doi.org/10.3982/ecta10876

Allen, T. and Donaldson, D. (2022). Persistence and path dependence: A primer. *Regional Science and Urban Economics, 94*. https://doi.org/10.1016/j.regsciurbeco.2021.103724

Alonso, W. (1964). *Location and land use: Toward a general theory of land rent*. Harvard University Press.

Behrens, K. and Murata, Y. (2021). On quantitative spatial economic models. *Journal of Urban Economics, 123*. Article 103348. https://doi.org/10.1016/j.jue.2021.103348

Desmet, K., Nagy, D. K., and Rossi-Hansberg, E. (2018). The geography of development. *Journal of Political Economy, 126*(3), 903-983.

Eaton, J. and Kortum, S. (2002). Technology, geography, and trade. *Econometrica, 70*(5), 1741-1779. https://doi.org/10.1111/1468-0262.00352

Forslid, R. and Ottaviano, G. I. P. (2003). An analytically solvable core-periphery model. *Journal of Economic Geography, 3*(3), 229-240.

Helpman, E. (1998). The size of regions. In D. Pines, E. Sadka and I. Zilcha (Eds.). *Topics in public economics* (pp. 33-54): Cambridge University Press.

Hotelling, H. (1929). Extend access to the economic journal. *The Economic Journal, 39*(153), 41-57.

Kleinman, B., Liu, E., and Redding, S. J. (2023). Dynamic spatial general equilibrium. *Econometrica, 91*(2), 385-424. https://doi.org/org/10.3982/ECTA20273

Kortum, S. (1997). Research, patenting, and technological change. *Econometrica, 65*(6), 1389-1419.

Krugman, P. R. (1991). Increasing returns and economic geography. *Journal of Political Economy, 99*(3), 483-499.

Martin, P. and Rogers, C. A. (1995). Industrial location and public infrastructure. *Journal of International Economics, 39*, 335-351.

McFadden, D. (1974). Conditional logit analysis of qualitative choice behavior. In P. Zarembka (Ed.), *Frontiers in econometrics*. New York: Acadamic Press.

Melitz, M. J. (2003). The impact of trade on intra-industry reallocations and aggregate industry productivity. *Econometrica, 71*(6), 1695-1725. https://doi.org/10.1111/1468-0262.00467

Monte, F., Redding, S. J., and Rossi-Hansberg, E. (2018). Commuting, migration, and local employment elasticities. *American Economic Review, 108*(12), 3855-3890. https://doi.org/10.1257/aer.20151507

Ottaviano, G. I. P. (2003). Regional policy in the global economy: Insights from new economic geography. *Regional Studies, 37*(6-7), 665-673. https://doi.org/10.1080/0034340032000108750

Ottaviano, G. I. P., Tabuchi, T., and Thisse, J.-F. (2002). Agglomeration and trade revisited. *International Economic Review, 43*(2), 409-435.

Redding, S. J. (2010). The empirics of new economic geography. *Journal of Regional Science, 50*(1), 297-311. https://doi.org/10.1111/j.1467-9787.2009.00646.x

Redding, S. J. (2023). Quantitative urban models: From theory to data. *Journal of Economic Perspectives, 37*(2), 75-98. https://doi.org/10.1257/jep.37.2.75

Redding, S. J. and Rossi-Hansberg, E. (2017). Quantitative spatial economics. *Annual Review of Economics, 9*(1), 21-58. https://doi.org/10.1146/annurev-economics-063016-103713

Salop, S. C. (1979). Monopolistic competition with outside goods. *The Bell Journal of Economics, 10*(1), 141-156.

五南線上學院

小資族、上班族、學生
所需相關課程

講師：李淑茹 ｜ 課號：V1O0100
課名：出口貿易操作秘笈

講師：蔡沛君 ｜ 課號：V1F0300
課名：粉絲團臉書內容行銷有撇步

講師：陳寬裕 ｜ 課號：V1H0200
課名：SPSS大數據統計分析

講師：陳寬裕 ｜ 課號：V1H0400
課名：16小時學會結構方程模型：
　　　　SmartPLS初階應用

講師：陳寬裕 ｜ 課號：V1H0100
課名：30小時搞懂Amos結構方程模型

講師：楊朝仲、李政熹、管新芝、吳秋萱
課號：V1H0300
課名：2小時輕鬆搞定新課綱系統思考
　　　　素養教與學

打動人心的
高效簡報術

魅力表達x打動人心x激發行動

講師：廖孟彥/睿華國際
課號：V1F0100
課名：打動人心的高效簡報術

10倍
效率的工作計劃
與 精準執行力

高效能力時代必備的職場力

講師：陳英昭/睿華國際
課號：V1F0200
課名：10倍效率的工作計劃與精準執行力：
　　　高效能力時代必先具備的職場力

目視化 應用在生產管理

講師：林木森/睿華國際
課號：V1F0500
課名：目視化應用在生產管理

超高效問題分析解決
解決工作難題的邏輯思考力

講師：張倩怡/睿華國際
課號：V1F0300
課名：超高效問題分析解決
　　　（基礎課程）

高績效時間管理

講師：張倩怡/睿華國際
課號：V1F0600
課名：高績效時間管理

1 小時學會有效庫存管理
如何達到庫存低減
成台份推動典範實務

講師：游國治/睿華國際
課號：V1F0700
課名：1小時學會有效庫存管理：如何達到
　　　庫存低減-成台份推動典範實務

投稿請洽：侯家嵐 主編 #836
商管財經類教科書/各類大眾書/童書/考試書/科普書/工具書
E-mail：chiefed3a@ewunan.com.tw、chiefed3a@gmail.com

五南圖書出版股份有限公司 / 書泉出版社
地址：106台北市和平東路二段339號4樓
電話：886-2-2705-5066

五南出版事業股份有限公司
購書請洽：業務助理林小姐 #824 #889

Facebook：
五南財經異想世界

五南線上學院
課程詢問：邱小姐 #869

國家圖書館出版品預行編目(CIP)資料

空間經濟學／蔡智發，盧伯豪著. －－初
　　版.－－臺北市：五南圖書出版股份有限公
　　司，2025.01
　　面；　公分
　　ISBN 978-626-423-087-2（平裝）

1.CST: 空間經濟學

550　　　　　　　　　113020138

1MCQ

空間經濟學

作　　者 — 蔡智發、盧伯豪

編輯主編 — 侯家嵐

責任編輯 — 吳瑀芳

文字校對 — 陳俐君

封面設計 — 封怡彤

出 版 者 — 五南圖書出版股份有限公司

發 行 人 — 楊榮川

總 經 理 — 楊士清

總 編 輯 — 楊秀麗

地　　址：106臺北市大安區和平東路二段339號4樓

電　　話：(02)2705-5066　　傳　　真：(02)2706-6100

網　　址：https://www.wunan.com.tw

電子郵件：wunan@wunan.com.tw

劃撥帳號：01068953

戶　　名：五南圖書出版股份有限公司

法律顧問：林勝安律師

出版日期：2025年1月初版一刷

定　　價：新臺幣350元

經典永恆・名著常在

五十週年的獻禮──經典名著文庫

五南，五十年了，半個世紀，人生旅程的一大半，走過來了。
思索著，邁向百年的未來歷程，能為知識界、文化學術界作些什麼？
在速食文化的生態下，有什麼值得讓人雋永品味的？

歷代經典・當今名著，經過時間的洗禮，千錘百鍊，流傳至今，光芒耀人；
不僅使我們能領悟前人的智慧，同時也增深加廣我們思考的深度與視野。
我們決心投入巨資，有計畫的系統梳選，成立「經典名著文庫」，
希望收入古今中外思想性的、充滿睿智與獨見的經典、名著。
這是一項理想性的、永續性的巨大出版工程。
不在意讀者的眾寡，只考慮它的學術價值，力求完整展現先哲思想的軌跡；
為知識界開啟一片智慧之窗，營造一座百花綻放的世界文明公園，
任君遨遊、取菁吸蜜、嘉惠學子！